*Start*Book

7 Etap Pou Lanse Nouvo Antreprenè

Evan Keller

ak Odile Perez, Carson Weitnauer & Jeff Hostetter

Tradui pa Excel Production

Creating Jobs.org
Business for Global Good

Creating Jobs Inc
DeLand, Florida

Piblikasyon:

Creating Jobs Inc 136 S. Sheridan Ave.

DeLand FL 32720

Sit entènèt: www.creatingjobs.org

Imèl: info@creatingjobs.org

ISBN 978-1-7326008-4-3

Enprime nan peyi Etazini

Dedikas

Èske sa poko rive ke ou jwenn enspirasyon nan yon moun ki te travèse gwo difikilte avèk gras Bondye? Lide ki travèse liv sa te pran nesans nan peyi Ondiras nan semèn ke nou te rankontre ak Joyce, yon jèn fi 17 lanne ki rive sipòte fanmi li ki genyen 8 moun ak 3 anplwaye gras ak yon biznis salon bote. Jou sa ki te nan mwa Dawout 2017 la, nou te etone wè ke li te lanse yon biznis ki reyisi pandan ke li te toujou ale nan fakilte epi okipe twa pi piti frè li yo.

Se yon sipriz tou pou nou wè premyeman jan Compassion International fasone karaktè ak lidèchip nan lavi anpil jèn ke nou pa menm ka konte. Nou kontan anpil pou nou travay ak yo pou yo kapab ede lòt jèn ki nan peyi Ondiras ak tout lòt kote nan mond la fè sa ke Joyce reyalize a.

Mèsi Joyce paske ou te enspire nou ak kamarad ou yo pou nou ede kominote yo ale pi devan!

Tab Matyè yo

1

2

3

4

*Start*Book

Apèsi:

Mobilize tout fòs, resous ak moun ki nan ekip ou pou pote yon solisyon inovatè pou kliyan ki bezwen sa.

StartBook
Rezime

Mobilize tout fòs, resous ak moun ki nan ekip ou pou pote yon solisyon inovatè pou kliyan ki bezwen sa.

1. Ou menm

Apèsi Modil la: Aprann kisa ki fè yon antreprenè ki gen matirite. Evalye tèt ou epi planifye pou w grandi.

2. Solisyon

Apèsi Modil la: Pote yon sèl solisyon ki reponn ak yon pwoblèm reyèl, kite opinyon kliyan yo fasone pwodwi ou oswa sèvis la. Konstwi idantite biznis ou an sou solisyon sa epi devlope sistèm pou fabrike pwodwi ou an san danje epi nan yon fason ki efikas.

3. Moun yo

Apèsi modil la: Apresye epi aprann de gwoup moun sa yo ki enpòtan anpil pou siksè ou. Bati yon relasyon konfyans bò kote nou tou de.

4. Lajan

Apèsi modil la: Lajan pa janm ase pou fè tout bagay, men ou dwe itilize l' nan sa ki gen priyorite yo. Byen pran san ou pou ou ka swiv bon Pratik sa yo pou kontwole lajan ou ak pasyans wap kreye richès.

5. Lansman

Apèsi Modil la: Fè atansyon ak detay enpòtan sa yo pou ou kapab planifye yon lansman ki ap reyisi.

6. Kilyan Yo

Apèsi Modil la: Idantifye kliyan ideyal ou yo epi chèche bon mwayen pou mesaj la rive jwenn yo. Fè yo tèlman kontan ke yo menm pote zanmi yo ba ou.

7. Devlopman

Apèsi Modil la: Planifye lòt etap ou yo pou mete Liv Pou Demare a an pratik. Deside si ou vle grandi soti nan antreprenè pou kont ou pou rive PDG yon gwo konpayi.

9

Kisa chak pati nan biznis ou bezwen?

Ekri "kenbe" "amelyore" oswa "revize" anba chak senbòl desen.

1. Ou Menm

7. Devlopman

2. Solisyon

StartBook

6. Kliyan Yo

GWO
Pèspektiv

3. Moun Yo

5. Lansman

4. Lajan

GWO priyorite mwen:

Objektif prensipal mwen
poum fèl progrese:

Entwodiksyon

Pou jèn lektè nou yo, nou ap priye epi nou espere ke liv sa pral kòmansman yon gwo jounen ki pral transfòme ou pandan ou ap kreye yon biznis ki pou ede kominote ou ale pi devan. Si ou konsantre ou pou devlope karaktè ou jan ke nou pwopoze a, epi travay di ak entèlijans, ou ap sezi wè sa Bondye pral reyalize nan ou.

Non, se pa yon liv konplike ki chaje ak mo fantezi. Liv Pou Demare a retire tout konplikasyon ki genyen nan monte biznis, li divize yo nan plizyè etap ak aksyon ki senp ke ou kapab fè si ou rete motive. — Pandan anpil lanne! Genyen anpil bagay ki kapab fèt nan biznis men gen kèk bagay ki pi efikas ke yon lòt. Liv sa ba ou tout sa ki lesansyèl yo. Se pa jwèt non. Se sèlman aksyon ki pou pote rezilta.

Biznis kapab yon bagay ki trè senp men sa pa vle di ke li fasil. Fè yon biznis reyisi se youn nan bagay ki pi difisil men ki kapab pote anpil gwo rekonpans nan tout sa ou te kabab eseye. Lè ou kreye yon bagay ki enpòtan pou kominote ou se yon bon fason pou imite Kreyatè ou an. Li ap ba ou kreyativite, fòs ak sajès depi ou kwè nan li. Men ou dwe aji, pran inisyativ pou toujou fè sa ki bon. Liv sa pa yon teyori — Se yon kat wout ke nou deja travèse pandan ke nou ap fè biznis ki fè siksè. Swiv konsèy ak egzanp antreprenè yo ki nan paj liv sa a epi kat sa ap pote rezilta pou ou tou. Pran kouraj — ou ka fè sa!

Men yon ti konsèy rapid sou kijan pou nou itilize zouti yo ki nan liv sa. Gade "Gwo Plan" ki nan kòmansman ak nan fen liv la, li se yon evalyasyon de tèt ou ki ta dwe pran kèk minit sèlman pou ranpli li. Ou ka itilize li pou mezire pwogrè ou fè anvan ak apre ou te fin aplike konsèy nou yo.

Apre chak modil nan sèt modil yo, genyen yon lòt zouti ki rele

13

"*Start*Book Plan a"

Pandan ke ou ap fini chak modil, tanpri itilize zouti sa pou defini objektif pou aplike sa ou te aprann yo. Gen yon gwo diferans ant lè ou konnen yon bagay gras ak konesans entèlektyèl ou oswa eksperyans ou. Ou bliye rapid ide lòt moun men tou si ou eseye yo, yo ap vin fè pati de ou epi yo kapab pote bon chanjman lakay ou. Modil 7 la montre plis bagay sou kijan pou nou itilize Plan Liv Pou Demare a ki twouve li yon lòt fwa ankò nan fen liv la.

Nan Liv Pou Demare a, nou mete kèk ekzèsis ki pou pèmèt ou kòmanse tou piti nan aplike ide sa yo lakay ou, nan lekòl ak nan legliz. Lè ou itilize ide sa yo, yo kapab fè sa ke ou ap aprann nan vin tounen yon pati nan vi ou, men bon jan aprantisaj la ap rive fèt lè ou aplike konsèy nou yo nan yon biznis reyèl ke ou kòmanse.

Refleksyon ou gen preske menm enpòtans ak aksyon ke ou ap poze, kidonk, liv sa chaje ak anpil vèsè Labib ak keksyon ki pou fè ou reflechi sou kijan pou ou menm ak biznis ou grandi. Genyen espas pou ekri refleksyon ou yo ki kapab mennen ou poze aksyon pi devan. Nou ankouraje ou pa sote etap enpòtan sa paske ekriti se yon mwayen ki fò pou ou kapab konsantre ou epi ekri panse ou yo pou ou ka itilize yo pi devan.

Nou pral remake ke leson yo chaje ak konsèy ekspè pou nou swiv. Pou nou montre ou kijan yo aplike yo nan lavi a, nou prezante ou kèk ka pou etidye kijan kèk antrepriz te mete konsèy nou yo an pratik. Chak modil rakonte nou tou yon ti istwa sou kijan de ti jèn ap batay pou demare yon biznis avèk siksè.

Nou priye epi nou kwè ke ou kapab: kreye travay pou moun ki bezwen travay, fabrike pwodwi ak bay sèvis ki reponn ak bezwen reyèl yo, pran swen fanmi ou, epi vin yon gwo lidè nan legliz ak nan kominote ou — tout sa pou laglwa Bondye!

1. Ou Menm

Apèsi Modil la: Aprann kisa ki fè yon antreprenè ki gen matirite. Evalye tèt ou epi planifye pou w grandi.

Modil 1: OU MENM

An nou konsidere apèsi Modil la: Aprann kisa ki fè yon antreprenè gen matirite.Evalye tèt ou epi planifye pou ou devlope

Obsève jèn yo ki bezwen konsèy:

Yon jou Dimanch nan legliz Fratènite Lagras, yon ti jèn gason ki genyen 17 lanne ki rele Mario te kanpe pou li te rakonte jan li te kontan sot fè konesans ak Jezi. Se te yon istwa enkwayab sou mirak Bondye te fè nan lavi li. Nan fen sèvis la pastè a te mande Mario kijan legliz la te kapab priye pou li. Sanzatann figi Mario te chanje ak dlo nan je pandan ke li tap rakonte tout difikilte li ap rankontre pou li jwenn yon travay epi okipe ti sè li yo.

Alejandro ak Maria se de manm legliz Fratènite Lagras la ki toujou prezan, yo se de bon zanmi, yo te rete ap koute avèk anpil atansyon. Pandan ke yo tap kite sèvis la, Alejandro di Maria konsa : « Mwen kwè ke Bondye ban mwen yon vizyon pandan Mario te ap pale a. Mwen panse ke nou sipoze kòmanse yon boulanje – epi pran Mario pou travay.»

Alejandro se te yon moun ki te toujou sou mouvman epi ki renmen pran ris. Maria li menm te prefere pran tan anvan li pran yon desizyon. Kidonk li te pran yon ti tan pou li te reflechi. Epi apre sa li te di: "Men, Alejandro nou pa konnen anyen nan zafè biznis! Si se vre, Bondye pral montre nou kisa pou nou fè. Nou konnen ke

Bondye renmen nou tankou pwòp pitit li! An nou priye epi mande Sentespri pou li gide nou !"

Alejandro te reponn, "Sa se yon bon ide Maria, an nou kòmanse kounye a – pandan manje midi a! Mwen vle ale nan boulanje Carolina pou mwen ka pran kèk enfòmasyon pou biznis pa nou an."

Leson 1A: *Chèche* idantite ou nan Jezikri

Swiv konsèy ekspè yo (Chèche idantite ou nan Jezikri):

Konnen ke Bondye asepte ou epi li renmen ou tout bon, se kado ki pi enpòtan ki genyen devan tout gwo difikilte lavi a. tankou yon pitit gason Wa a oswa yon pitit fi Bondye, ou gen ase konfyans ak kouraj pou ou fè tout bagay li mande ou pou fè. Ou jwenn tout valè ou nan sakrifis Jezi te fè pou ou olye ke se bagay ou menm ou te reyalize. Kidonk ou lib pou pran gwo ris san ou pa fè sa ki pa nòmal oswa maltrete lòt moun. Epi, menm si ou ta reyisi oswa pran yon echèk, bondye ap itilize sa pou fè ou plis sanble ak Jezi.

Lè ou konnen kilès ou ye li pèmèt ou konstwi lavi ou sou yon wòch ki solid. Li retire laperèz, estrès, pwoblèm pou pran desizyon ak itilize yon ti kras nan tout kapasite ou genyen. Si plan Bondye pou ou sou tè a poko fini, yo pa ka detwi ou. Si lènmi ou yo, lanmò pa ka bloke plan Bondye pou lavi ou, poukisa ou ap enkyete pou bagay ki pi piti yo? Bondye pa sèlman mete souf lavi a nan ou, li mete tou so imaj kreyativite li nan ou epi li ba ou responsablite pou devlope tout bèl mèvèy kreyasyon li yo. Pa egzanp, panse ak moulen van yo ki sou tèt mòn Tegisigalpa nan sid peyi Ondiras. Nan talan kreyasyon yo, Bondye bay anpil talan ki vin bay tibin van sa yo. Ou ka site kèt nan yo? Van, ide pou nou eksplwate li epi transfòme li pou li bay elektrisite, min fè, silisyòm ak lòt min toujou. Bondye ba ou tout talan ou bezwen pou ou fè sa li rele ou pou fè a. Menm jan li te bezwen bay elektrisite ki mache ak van nan Tegisigalpa, li te bay moun talan pandan anpil syèk pou fè fè tounen asye, petwòl tounen plastik, epi silisyòm tounen pis enfòmatik.

Lè ou obeyi ak apèl Bondye pou li itilize talan li yo nan ou ak antouraj ou, sa pote anpil lajwa. Se lajwa pou ou kreye ansanm ak Bondye, rekonesans pou talan li yo, satisfaksyon pou ou itilize lespri ak kò ou pou pote yon bagay nouvo nan mond sa ki ap sèvi kominote ou a.sa bèl anpil paske ladann ou ap tou renmen pwochen ou jan Bondye mande li a. Ou genyen tout libète ou pou eksplore kreyasyon yo apati talan Bondye yo san ou pa bezwen pè pou si ou ta twonpe ou. Pandan ou ap aprann nan kisa ou bon epi kijan ou kapab itilize li pou renmen pwochen ou, ou gen pou fè erè nan wout. Sa rele echèk. Sa ki bèl la, erè ou yo pap ka diminye kilès ou ye: yon pitit Bondye renmen anpil. Ou ka mete tout kè ou nan tout bagay ou ap fè paske ou konnen ke menm si ou ta tonbe sou fas ou toujou rete yon moun Jezikri te asepte mouri pou li pou ou te kapab sove! Menm jan ak yon papa ki ap montre pitit fi li monte bisiklèt, li vle pou li grandi avèk kouraj epi fè esperyans lajwa ki genyen nan yon nouvo mwayen transpò ki rapid. Menm lè li ta tonbe, li ranmase li avèk anpil konpasyon epi li ede li rekòmanse. Sa pa vle di li vin mwens pitit li apre sa epi konfyans li

19

toujou rete menm jan. Nou gen yon pakèt valè ki san bout paske nou se moun Bondye renmen anpil epi nou gen don ak pouvwa pou nou swiv Jezi pandan nou ap sèvi lòt yo ak tout imilite. Fòk ou depann de Bondye, itilize talan ou yo epi bay tout ou menm san krent. Aprann resevwa lanmou Bondye ki san parèy pou ou a epi pèsonn pap ka bare ou. "Vrè lanmou chase tout laperèz" (1 Jan 4:18).

Poze tèt ou keksyon (Chèche idantite ou nan Jezikri):

Èske mwen jwenn idantite mwen nan sa mwen te fè oswa nan sa Jezikri te fè pou mwen?

_____

_____

Kijan mwen ka tire fòs nan lanmou Bondye lè mwen tante pou mwen ta pè?

_____

_____

Ki talan Bondye ban mwen?

Lè mwen konnen echèk mwen yo pap diminye kilès mwen ye kòm pitit Bondye, ki ris mwen ka pran ak tout konfyans pou mwen itilize talan sa yo?

Medite sou vèsè Labib sa yo(Chèche idantite ou nan Jezikri):

Lanmou kreye sekirite. 1 Jan 4:18 (NLT): *"Renmen sa pa gen okenn laperèz, paske bon lanmou an voye tou laperèz ale. "*

Sekirite ki genyen pou pitit Bondye fè ou sonje echèk riske yo pa ka anpeche bagay ki pi enpòtan yo rive. Romen 8:14-19 (ESV): *" Paske, tout moun Lespri Bondye ap dirije se pitit Bondye. Lespri Bondye ban nou an, se pa yon lespri k'ap fè nou esklav pou n'ap tranble devan Bondye toujou. Okontrè, Lespri Bondye a fè nou tounen pitit Bondye. Se li menm ki penmèt nou rele Bondye Papa! Lespri Bondye a bay lespri pa nou an asirans ke se pitit Bondye nou ye. Si se pitit Bondye nou ye, nou gen pòsyon pa nou nan eritaj Bondye te pwomèt moun pa l' yo, n'a resevwa pa nou ansanm ak Kris la nan tou sa Bondye te sere pou li. Paske, si nou soufri ansanm ak li, n'a resevwa lwanj nan men Bondye ansanm ak li tou. Pou mwen, nou pa ka konpare sa n'ap soufri kounye a ak bèl bagay Bondye pral fè nou wè yo.paske Tout kreyasyon Bondye a ap tann kilè pitit Bondye yo va parèt. "*

21

Konfyans nan apèl Bondye yo ba ou kouraj nan eprèv yo. Neemi 6 (ESV): Lè Sanbala te menase lavi Neemi pou li pa te rebati miray Jerizalèm nan, li te reponn: *"Mwen ap fè yon travay ki enpòtan "*, *"Mwen pa kapab[distrè]"*, *Mwen pa prale[kache pou m' sove lavi m']"*. *Okontrè, li priye: "Men kounya, O Bondye, bay men mwen yo plis fòs. " Lè li te fini miray la, lènmi Izrayèl yo te "rekonèt ke travay sa te fini paske Bondye nou an te vle l'. "*

Leson 1B: Chèche pawòl Labib sou zafè biznis ak lajan:

Swiv konsèy ekspè yo (Chèche pawòl Labib sou zafè biznis ak lajan):

Travay se yon fason onorab pou imite Bondye ak kreyativite li. Biznis se fason pa Bondye pou li reponn ak Priyè Papa nou pou ba nou pen chak jou a (Matye 6:11). Menm lajan se yon zouti ki ka reyalize anpil bon bagay.

Travay se yon bon bagay paske Bondye ap travay. Lè Bondye te kreye mond la, li te kontan paske li te "bon" anpil. Labib montre nou anpil metafò sou Bondye kòm yon travayè. li dekri li tankou yon: potye, fòjewon, koutirye, jadinye, vinyewon, bèje, konstriktè, achitèk, mizisyen ak konpozitè.... Li enspire ak ekipe tout bon travay." (Witherington, p.7) Pou nou kapab reflete imaj li, ou se sèl kreyati li bay privilèj rejwenn li kòm travayè. Travay se yon gwo kado, soti nan Adan ki te gen responsablite pou li bay tout zannimo yo non, okipe jaden an, epi tout latè te sou kont li! Lè Adan ak Èv te dezobeyi Bondye, travay ou te pèvèti ak travay di epi fristrasyon,

22

men li toujou kenbe bonte ke nou kapap kontinye.

Biznis se yon mwayen pou òganize travay pou ogmante valè(pwodwi yo) ke li kreye pou moun yo(kliyan yo) Nan lide pou obeyi ak volonte Bondye pou devlope kreyasyon li yo, biznis mete ansanm ak matyè premyè, travay ak inovasyon pou reponn ak bezwen reyèl moun genyen. Kidonk biznis se yon bon bagay paske li konbine bon engredyan: bon kreyasyon Bondye, espri kreyativite yo ki reflete Kreyatè yo ak moun ki ap fè bon travay. Resèt sa vin mete ansanm pou li kapab ofri pwodwi ak sèvis ki pou ede kominote yo avanse nan tout mond la. Lajan biznis ou rantre a(Vant yo mwens depans yo)) rele "benefis". Benefis se pa yon bagay mal jan kèk moun konn ap di men li mezire pito kantite valè ou pote pou moun nan kominote ou a.

Lajan se yon bon bagay. Imajine kijan sa tap di si moun pa te ka konvèti rezilta travay yo nan yon bagay ke tout moun vle. Li tap fè tout bagay pi difisil si kiltivatè a te eseye achte medikaman, edikasyon, gazolin avèk pòmdetè! Menm jan ak tout bon kado, lajan kapab defòme pou li tounen yon zidòl ki danje. Se yon zouti ke ou kapab itilize pou fè mal men tou pou fè anpil byen nan sèvi lòt moun.

Lè ou mete ou dakò ak pawòl Bondye sou koze travay, biznis ak lajan, sa ap prepare ou pou vin yon antreprenè ki ap reyisi. Epi li montre ou yon pati sou kòman Jezi se Seyè tout biznis menm jan ak tout pati nan lavi a ak sosyete a. Pwofite gwo privilèj sa ke ou genyen pou travay bò kote Bondye ki gen tout Pouvwa!

? *Poze* tèt ou keksyon (Chèche pawòl Labib sou zafè biznis ak lajan):

Kijan travay Bondye a chanje vizyon mwen sou koze travay?

_____

_____

Ki avantaj nan biznis ki motive mwen?

_____

_____

Kijan sa aji nan lide mwen sou koze lajan?

_____

_____

Ki eksperyans mwen fè sou batay ki genyen ant jenewozite ak defo renmen lajan?

_____

_____

Medite sou vèsè Labib sa yo(Chèche pawòl Labib sou zafè biznis ak lajan):

Travay se yon bon bagay paske Bondye se premye travayè a. Jenèz 1:31 (NIV); " *Bondye gade sa li te fè a, li wè li bon nèt. Yon lannwit*

24

pase, yon maten rive. "

Travay se yon pati enpòtan nan objektif Bondye pou limanite.
Jenèz 2:15 (NIV): *" Seyè a, Bondye a, pran nonm lan, li mete l' nan jaden Edenn lan pou l' travay li, pou l' pran swen l'. "*

Kreyasyon Richès se yon kado ki soti nan Bondye. Detewonòm 8:18 (NIV): *" Sonje se Seyè a, Bondye nou an, ki te ban nou kouraj sa a. Se li menm ki te fè nou rive gen tout richès sa yo. "*

Lè lajan tonbe nan men bon moun li kapab ede yon kominote anpil. Pwovèb 11:10-11 (NIV): *" Lè sa mache pou moun serye yo, tout moun vilaj la gen kè kontan. Konsa tou, lè mechan yo mouri, se kontantman pou tout moun. Se bèl bagay pou yon vilaj lè li gen moun serye ladan l'. Men, mechan yo ap detwi l' ak lang yo. "*

Bondye sèvi ak biznis pou reponn lapriyè. Matye 6:11 (NIV): *"Pen nou bezwen an chak jou a , ba nou li jodi a. "*

Leson 1C: Devlope karaktè ou

25

Swiv konsèy ekspè yo (Devlope karaktè ou):

Antreprenè yo: detèmine, kreyatif, yo konn rezoud pwoblèm, yo optimis, yo gen anpil kouraj devan defi yo, yo toujou gade lavni, yo gen kontwòl tèt yo, yo travay di, yo toujou ap aprann, yo gen imilite lakay yo, yo renmen sèvi moun, yo plis renmen poze aksyon, yo serye epi ou ka fè yo konfyans. Chèche konnen kilès nan karaktè sa yo ou fò oswa fèb ladan, epi mande Bondye pou li ede ou devlope abitid ki pou chanje karaktè ou pi devan.

Jezi se sèl moun ki genyen karaktè ki pafè, li reprezante modèl jan Bondye vle pou nou viv. An reyalite, premye volonte Bondye pou lavi nou se fè nou tankou Jezi. Se sa li ye! Rom 8:29 di konsa desten nou se pou nou "sanble ak pitit li" nan teyori nou tout vle sanble ak Jezi! Men lè nou gade byen, nou remake lavi Jezi te tankou yon kwa (Jason Hood, Imite Bondye nan Jezi, p.67). Ou fè tankou Jezi lè ou obeyi kòmandman li yo pou " renonse ak tèt ou, pran kwa ou epi swiv mwen." Karaktè ou grandi lè ou imite sakrifis lanmou Jezi a. ou pa kapab viv tankou Jezi san Bondye pa ba ou pouvwa, kidonk ou dwe toujou ap mande li pou li fòme ou ak lespri li. Pandan ou ap bay tèt ou pou kòz la "bliye tèt ou" yon fwa epi plizyè fwa, li ap tounen yon abitid. Si ou ap chèche vin pi onèt, sou ventyèm fwa ou reziste bay yon manti dwe pi fasil ke premye fwa. Genyen anpil bagay ki ap rive ou tankou:

Santi kontantman Bondye, jwi yon pi bon relasyon ak li, epi devlope nouvo abitid ki ap trase chimen yo nan tèt ou. apre yon tan, abitid yo tounen karaktè – yo vin tounen yon pati nan moun ou ye a (David Kahle, businessasmission.com).

Men, kisa karaktè gen pou wè ak biznis? Siksè yon biznis depann anpil de karaktè lidè li yo. Sa se vre wi paske biznis la ap reflete pèsonalite ou, epi kliyan yo renmen fè biznis avèk moun yo fè konfyans. Anplis de karaktè tankou pa Jezi yo, genyen lòt karakteristik pèsonalite ki jeneral pou vin yon gwo antreprenè. Sa yo se karakteristik ou pral plis bezwen pou reyisi nan biznis:

Detèminasyon — Se karakteristik ki *pi nesesè* paske kòmanse yon biznis mande pou travay di pandan anpil tan chak jou sou yon pakèt lanne san ou pa gen garanti li ap reyisi epi san ou pa gen pèsonn moun ki pou pouse ou fè yo. Flanm dife sa a dwe soti andedan ou, li dwe dire epi limen fò. Li vle di tou ke ou ap rankontre anpil ti echèk pandan ou rete kwè ke ou ap reyisi.

Kreyatif — Ou dwe toujou ap imajine pou pote solisyon ki nouvo pou kliyan yo, epi entegre yo nan pwodwi ak yon sèvis ki san parèy. Apre sa, ou dwe toujou ap leve defi pou vin fè biznis ou an pi bon chak jou. Toujou vini ak nouvo lide pou chak pati nan biznis ou an, ekri yo sou papye, epi eseye yo.

Rezoud pwoblèm — Bagay yo ap vin pi mal *chak jou* nan biznis la, kidonk ou ap bezwen pran bon jan desizyon pou rezoud pwoblèm yo. Olye ou paralize tout bagay oswa reaji avèk laperèz, kòlè – ou dwe aprann fè fas ak pwoblèm yo avèk anpil imilite. Pafwa pwoblèm yo ap parèt tankou ou pa te ka rezoud yo, ou ap bezwen pou leve defi a jou apre jou. Anpil nan pwoblèm yo se pral moun ki ap twonpe ou. An reyalite, ou ap sezi wè kalite vòl ak vòlè biznis ou an pral atire. Biznis pral fè ou vin pi "djanm" (ogmante tolerans ou devan estrès).

Pandan ou ap grandi nan bon konprann ak eksperyans, desizyon ou yo pral amelyore epi move moun yo pap ka anpeche ou dòmi ankò.

" Yon lòt pati enpòtan pou rezoud pwoblèm nan biznis se satisfè yon bezwen reyèl olye pou ou jis bay yon bagay moun ka byen fasil viv san li. Lè ou rezoud yon pwoblèm reyèl epi satisfè vrè bezwen an, lavi moun yo vin pi bon epi yo apresye sa. Sa se yon fason ki pwisan pou ou imite Bondye menm! Se li ki konn rezoud tout pwoblèm." (Jeff Hostetter) Pwoblèm nou an te domaje relasyon nou avèk Bondye, kreyasyon li, ak relasyon youn ak lòt. Olye li abandone moun rebèl li yo, li pran pasyans kòmanse ak yon seri solisyon pwovizwa ki te abouti ak sakrifis pitit li Jezi sou kwa a. Solisyon sa yo te genyen ladann, kreye yon pèp pou Bondye, epi voye yon mesaje ak lalwa (Moyiz), jij yo, prèt yo, pwofèt yo epi wa yo – epi enspire ekriven labib yo pou yo revele wout ki pou mennen yo tounen jwenn Bondye. Lè li te voye pitit li a, li te pèsonèlman antre nan pwoblèm nou yo, e lanmò ak rezireksyon li te retire pouvwa peche ak lanmò te gen sou nou. Menm lè ou pa ka libere moun nan peche yo men gen yon fason ou kapab imite Jezi ki konn rezoud tout pwoblèm. Lè Jezi te geri, retire demon sou moun, ba yo manje, touche yo epi pale lang gerizon ak yo, li te montre enpòtans pou nou soulaje tout kalite bezwen moun ka genyen tankou : bezwen pou kò a, emosyon, espirityèl ak bezwen sosyal yo. Kidonk, lè antreprenè yo ap rezoud pwoblèm pou moun, yo se men ak pye Jezi. Sa se yon gwo privilèj!

Optimis — Malgre batay yo ki toujou la, ou dwe kwè ou pral genyen lagè a. Kè kontan ak bon tanperaman ka fè ou jere estrès pi byen. Pi bon baz pou ou optimis se chèche idantite ou nan Jezi epi konnen ke biznis la fè pati plan Bondye pou li revele glwa li nan kominote a. Nan menm tan tou, lè ou kwè tout bagay negatif, sa ka kraze motivasyon ou pou monte yon biznis ki solid.

Afwonte ris yo ak kouraj — Moun ki pa renmen pran ris pa pral konsakre anpil tan ak lajan lè 75% biznis echwe nan senk lanne konsa. Analiz ak planifikasyon se bon bagay, men ou dwe konnen lè pou mete pye ou deyò epi aji. Kouraj pa vle di ou manke pè, men li vle di ou poze aksyon ki pozitif devan laperèz.

Poze aksyon — Antreprenè yo plis renmen aji olye ke yo rete senpleman ap pale. Yo fè sa ki dwe fèt; yo fè bagay yo mache. Yo pa pè eseye lide yo menm lè yo pa pafè a 100%, epi yo aprann plis nan poze aksyon olye ke se fè planifikasyon. Yo sezi opòtinite yo anvan yo glise ale.

Gade lavni — Antreprenè yo pa kontante yo pou yo viv sèlman pou jodi a. Yo gade kisa yo vle reyalize nan lavni an epi yo fè sakrifis jodia epi chak jou pou yo ka rive jwenn objektif sa ki byen lwen. "Rekonpans sa ki lwen an" nesesè paske monte yon biznis ki solid pa fasil epi li pa fèt rapid tou. Fòk ou kwè ou kapab fasone avni ou avèk èd Bondye. Yon biznis ki solid kapab pote yon demen miyò pou anpil kominote.

Kontwòl tèt ou — Lè ou gen disiplin, sitou ak tan, lajan ak pawòl ou, sa pral pote anpil estabilite nan biznis ou. Men si ou pa gen prensip, ou lach nan fason ou itilize tan ou, lajan ak pawòl ou, ou ap kraze biznis la. Lè ou mal itilize tan ou, se konpetans ou li ap gaspiye, egoyis ak move itilizasyon lajan pral fè ou fè fayit, epi gwo kòlè ak di move mo pral pouse do anplwaye ak kliyan ou yo.

Travay di — Li enposib pou reyalize konbyen tan yon biznis ap pran jiskaske ou fè li tout bon. Dizwit èdtan pa jou pandan plizyè ane pa enposib. Ou ap sezi wè kantite kalite travay diferan yon nouvo antreprenè bezwen fè. Dènye rechèch sou sèvo moun montre ke lè ou ap chanje tach konsa epi ou genyen pakèt travay sa yo nan menm moman nan tèt ou, sa genyen anpil konsekans sou sèvo a. Pi fò nouvo antreprenè yo toujou fè eksperyans rankontre ak yon pwoblèm ki pi ijan chak jou, sa ki lakòz premye travay yo tap fè a toujou entewonp.

Kidonk, defi yo genyen ladann pou: bay priyorite epi òganize travay la avèk lespri ou, fini travay ou ap fè a, epi fòme lòt moun

29

pou ou ka konfye kèk "responsablite" ak anplwaye ki serye.

Kontinye aprann — Se yon gwo konfli pou anpil antreprenè kontinye aprann paske yo fin fè gwo eksplwa demare yon biznis, yo ta vle panse ke yo pa bezwen aprann toujou. Yo kwè pèsonn pa konn biznis yo ap fè a pi byen pase yo, kidonk fyète yo anpeche yo aprann plis – sitou bò kote moun yo konsidere ke yo reyalize plis bagay pase yo. Nan lòt bò a, bon antreprenè a konnen li dwe kontinye aprann pou li ka rete oswa pran devan konpetitè li yo. Lè ou aprann nan men lòt moun, liv, jounal ak videyo diferan, sa ogmante kreyativite ou. Lè ou pran nòt epi ou aji sou nouvo konesans ou yo, sa ou aprann nan vin pi solid. Menm lè li nan 80 lane yo konsa, Warren Buffet pase 5-6 èdtan ap li chak jou! Pou laj li ak tout sa li reyalize deja, li se dezyèm moun ki pi rich sou latè. Li te ka jistifye pou li di "mwen panse ke mwen konprann tout bagay kounye a" epi li jis travay apati bon konprann ak tout eksperyans ke li genyen yo.

Imilite — Lè ou dakò ou gen tò, ou eskize ou epi ou fè bagay yo kòrèkteman, sa ka fè ou konvenk anplwaye ak kliyan ki pa kontan yo. Imilite ede ou rete ouvè pou pran bon ide nan men lòt moun. Lè ou rive bliye tèt ou epi konpare ou ak anplwaye ou yo, sa ap fè yo plis rapwoche epi renmen ou tou.

Sèvitè ki gen kè — Paske objektif biznis la se pou bay sèvis, kliyan yo ap santi si se itilize ou vle itilize yo sèlman oswa si ou sansib pou yo tout bon. Montre enkyetid ou pou fanmi anplwaye ou yo ak enterè pou devlopman pèsonèl ak pwofesyonèl yo. Sonje Jezi se modèl nou la.

Konfyans — " Siksè dirab yon òganizasyon chita sou konfyans yo fè dirijan li yo… Kliyan yo toujou renmen fè biznis ak moun yo fè konfyans." (Den Besten, 2008 p.61-62)

Entegrite/Serye — "Biznis teste entegrite moun. Kijan? Entegrite ap fè sa ki dwat – viv lavi a fason Bondye mande. Ou dwe mennen yon vi ki onèt kote pawòl ak aksyon ou vle di menm bagay. Biznis lakòz nou fè fas ak sitiyasyon ki difisil ak moun ki difisil. Pwopriyetè biznis toujou tante pou fè sa ki pa sa oswa sa ki malonèt. Kidonk, nou dwe toujou ranpli kè nou ak lespri nou avèk prensip pawòl Bondye epi mande Seyè a fòs li pou li ka manifeste nan jan nou ap fè biznis, pou nou toujou kapab kenbe entegrite nou." (Jeff Hostetter)

Kijan ou enkane karakteristik sa yo? Eske lis sa dekri ou? Paske fyète ka anpeche nou pran konsyans de tèt nou, pa fè konfyans sèlman ak refleksyon pa nou! Okontrè, se pou nou pase tès evalyasyon sa yo (tankou StrengthsFinder, Meyers-Briggs, epi DISC) yo kapab fè nou dekouvri fòs nou ak karateristik pèsonalite nou. Epitou, mande moun ki konnen nou byen pou yo onètman ba nou nòt sou karaktè sa yo. Apre sa chwazi kèk ladan yo nou bezwen travay plis epi mande Bondye èd li pou devlope nouvo abitid kote ou ka pratike yo.

Etidye lavi Jezi. Li biyografi lidè nan tan pase ak prezan yo ou kapab swiv egzanp yo. Chèche moun nan kominote ou an ke ou ka admire epi kopye sou yo. Lè ou grandi nan karaktè ou, se envestisman ki pi enpòtan ou ka fè pou tèt ou ak biznis ou.

 *Poze* tèt ou keksyon (devlope karaktè ou):

Kilès nan karakteristik antreprenè sa yo mwen fò oswa fèb ladan yo?

_____

_____

Ki konseye oswa moun nan fanmi mwen ki ka ban mwen yon evalyasyon onèt sou karaktè mwen?

_____

_____

Kilès nan karaktè sa yo mwen pi vle genyen?

_____

_____

Ki abitid mwen dwe kòmanse bay tèt mwen pou fòme karaktè mwen nan jou ki ap vini yo?

_____

_____

Èske mwen pral swiv Jezi menm lè disiplin nan di pou mwen ka grandi plis tankou li?

_____

_____

Medite sou vèsè Labib sa yo(Devlope karaktè ou):

Objektif Bondye pou lavi nou se fè nou plis sanble ak Jezi. Rom 8:29 (ESV): *"Paske, moun Bondye te konnen depi davans pou moun pa l' yo, depi davans tou li te mete yo apa pou yo te kab sanble ak Pitit li a. Konsa, Pitit sa a pase pou premye pitit pami yon bann frè."*

Vin tankou Jezi vle di pou nan pan fòm lavi li nan pote kwa. Matye 16:24 (NIV): *"Jezi di disip li yo: Si yon moun vle mache dèyè m', se pou li bliye tèt li. Se pou l' chaje kwa l' sou zepòl li, epi swiv mwen."*

Detèminasyon se yon vèti enpòtan. Pwovèb 24:16 (NIV): *"Paske, moun k'ap mache dwat yo te mèt tonbe sèt fwa. Pa pè, y'ap toujou leve ankò. Men, nan mechanste yo, mechan yo ap tonbe, yo p'ap ka leve ankò."*

Nan fòs Bondye ou ka fè plis bagay pase sa ou reyalize kounye a. Ebre 11:32-34 (NIV): *"Kisa m' ta di nou ankò? Se tan mwen pa genyen pou m' ta pale nou sou Gedeyon, Barak, Samson, Jefte, David, Samyèl ak tout pwofèt yo. Ak konfyans yo te gen nan Bondye a, yo goumen, yo pran peyi lòt moun nan men yo, yo gouvène san patipri, yo resevwa sekou Bondye te pwomèt la. Yo fèmen bouch lyon yo, yo touye gwo gwo dife, yo chape anba men moun ki te vle touye yo ak epe. Yo te fèb, men yo vin gen fòs, sa te rann yo vanyan anpil nan lagè, kifè yo te ka kraze lame etranje yo."*

Kliyan ak anplwaye ou yo pral santi si ou vrèman sansib pou yo oswa se sèlman sa ou bezwen pran nan men yo an. Filip 2:3 (ESV): *"Pa fè anyen nan lide pou fè tèt nou pase pou pi bon, ni pou fè lwanj tèt nou. Men, soumèt nou devan Bondye. Mete nan tèt nou lòt yo pi bon pase nou."*

Kenbe fèm lè bagay yo difisil enpòtan anpil lè ou ap fè biznis. Jak 5:11 (ESV): *"Paske yo te soufri ak pasyans, nou di yo se moun Bondye beni. Nou tande ki jan Jòb te gen pasyans, nou wè sa Bondye te fè pou li, paske Bondye gen bon kè, li gen kè sansib."*

Travay ak moun ki twonpe ou yo san ou pa kite yo pèvèti ou.

Matye 10:16 (NIV): *"Gade, mesye! M'ap voye nou tankou mouton nan mitan chen mawon. Se sak fè, se pou nou sou prigad nou tankou pentad, se pou nou inonsan tankou pijon. "*

Sa bay anpil respè lè ou travay di pou pran swen tèt ou.
2 Tesalonik 3:8-10 (NIV): *" Mwen pa t' kite pèsonn ban m' manje pou granmesi. Okontrè, mwen te travay di, mwen te fatige kò mwen anpil, lajounen kou lannwit, pou m' pa t' sou kont nou yonn. Se pa paske mwen pa t' gen dwa resevwa anyen nan men pèsonn ki fè m' te fè sa. Non. Se paske mwen te vle ban nou yon egzanp pou nou te swiv. Nou sonje lè m' te lakay nou, mwen te di nou: moun ki pa travay pa gen dwa manje non plis."*

Fè yon evalyasyon onèt sou konpetans ou yo anvan ou kòmanse.
Rom 12:3 (ESV): *"Poutèt favè Bondye fè m' lan, men sa m'ap mande nou tout: Piga nou mete nan tèt nou nou plis pase sa nou ye. Okontrè, pa mete gwo lide nan tèt nou. Se pou chak moun konsidere tèt li dapre sa Bondye ba li ki pa l' nan lafwa. "*

Bondye konsène sou koze entegrite nan biznis ou. Pwovèb 16:11 (NIV): ' *"Seyè a mande pou yo sèvi ak bon balans pou peze. Li pa vle pou yo sèvi ak move mezi nan kòmès. "*

Lè ou gen karaktè li se pi gwo richès. Pwovèb 28:6 (ESV): *"Pito ou pòv men ou serye pase pou ou rich men ou vòlè."*

Leson 1D: Develope kapasite ou pou fè biznis

Swiv konsèy ekspè yo (Develop kapasite ou pou fè biznis):

Rasanble talan ou yo pou satisfè yon bezwen nan kominote ou an pi byen pase lòt moun yo. Anvan ak apre ou fin fè lansman, chèche ekspè ak fòmasyon ki pou ede ou devlope konpetans ou. Jan nou te konseye ou anvan sa a, se pou ou toujou ap aprann. Sa pral fè kliyan yo fè ou plis konfyans. Chèche vin pi bon chak jou nan sa ou ap fè a epi aprann kijan pou fè biznis ou vin pi djanm. Lè sa ou ap dekouvri ki konpetans ou plis bezwen devlope lakay ou.

Li ka tou kòmanse ak yon opòtinite ki la devan ou. Kisa ou ka fè ak sa ou genyen ? Pwofèt Elize te rankontre yon vèv ki te tèlman dezespere ki te di li " sèvant ou pa gen anyen nan kay la sèlman yon ti boutèy lwil (2 Wa 4:2)." Men Elize te ede li wè ak itilize *plizyè lòt* bagay li te gen *deja*, ki gen ladan: Bondye, pitit gason li, tout kontak li te genyen akoz bon repitasyon li. Bondye te beni epi ogmante sa li te genyen paske li te kòmanse itilize yo. Kisa *ou* genyen ? Tankou vèv la, nou souvan bliye remake sa Bondye ban nou.

Anpil fwa nou ale deyò pou nou chèche repons ki deja twouve yo lakay nou. Doktè Andre Panasiuk di konsa " se pa konpetans nou ki konte pou Kreyatè Mond la, se pito *disponiblite* nou pou li – Se mete konpetans nou yo *disponib* pou li ki enpòtan. Se sa ki pi enpòtan". Lè nou ofri konpetans nou yo bay Bondye, li miltipliye yo epi li menm fè mirak ak yo (Panasiuk, 2015, p.143-148). Sa a se egzakteman sa ki te pase ak vèv la, nou dwe swiv egzanp li an. Konsantre ou sou fòs ak kapasite ou yo, prezante yo bay Bondye, pran tout dispozisyon pou itilize yo, epi rete kwè Li ap miltipliye yo!

Gen yon dezyèm vèv ki montre menm egzanp la nan jenerasyon pa nou an. Doktè Andres Panasuik rakonte nou istwa yon zanmi ki te rele Gabriella ki te yon jèn manman ki vèv, ki te lage de bra pandye pou kont li ak pitit gason li. Li pa te konnen kisa pou li te fè jiskaske yon tonton li te pwopoze pou ede li pran yon fòmasyon pou li vin travay nan klinik dan li an. Li te bay tan ak enèji li pou te ale nan lekòl dantis la, li te travay pou tonton li an, apre sa li te louvri pwòp klinik pa li ki te grandi epi li vin tounen yon gwo biznis. Kounye a pitit li vin dantis tou! Tout sa yo te vin reyalize paske pwoblèm te fòse li gade nan antouraj li opòtinite Bondye te mete. Menm jan ak vèv pwofèt Elize te rankontre a, vèv sa te jwenn kouraj pou li te itilize sa li te deja genyen nan men li, epi Bondye fè rès yo pandan li ap itilize yo.

Pran nòt sou kijan konpetans ou, pastan ou, enterè ak pasyon ou mache ak bezwen ki genyen nan mond la. Maryaj sa a se pi gwo resèt pou devlope pwodwi ki se pi bon solisyon yo.

Pa gen twòp bagay nan lavi a ki pi bon ke lè ou jwenn opòtinite pou fè chak jou sa ou pi bon ladann nan, sa ou renmen, sa ou konnen Bondye rele ou pou fè a! Se yon pwoblèm pou jèn yo paske yo pa toujou konnen kisa yo ka bon ladann, lè sa li pran yo anpil tan pou fè talan sa a tounen yon talan ki ka itil mond la.

Nan liv istwa siksè Outliers la, Malcolm Gladwell di ke sa pran sèlman 10,000 èdtan pou yon moun vin ekspè nan yon bagay (Gladwell). Yon lòt defi pou antreprenè yo se lè bagay biznis la plis bezwen nan yo pa egzakteman sa yo renmen fè! Sa pral rive ou bezwen fè bagay ou pa renmen pandan *plizyè lanne* jiskaske ou ka anplwaye moun ki gen plis konpetans nan domèn sa yo. Anjeneral moun kòmanse yon biznis pou vann yon bagay ke yo renmen fè, apre yon ti tan yo kòmanse reyalize olye yo fabrike pwodwi yo se antrepriz la yo dwe mete sou pye epi konsakre tan yo ak enèji yo ladann. Yo pa ka jis konsantre yo nan pote bon solisyon pou kliyan yo, yo dwe aprann tou kijan pou yo atire yon kliyantèl ki fèm epi devlope bon jan relasyon ak yo. Yo dwe aprann kijan pou yo devlope anplwaye yo, jere lajan, planifye pou antrepriz la grandi epi itilize kalite lidè li nan tout bagay nan biznis la. Pou nou konkli, konpetans ki pi enpòtan pou yon antreprenè se rive wè ki direksyon biznis la ap pran epi pou li devlope estrateji ak plan ki pou mennen li la. Sa ki vle di, fòk li se yon bon lidè. Se de sa liv sa a pale : pou ou aprann « mobilize fòs ou, resous ou yo ak ekip ou pou pote yon solisyon bay kliyan ki bezwen sa». Ou ka aprann devlope konpetans sa nan fè pratik sèlman. Men pou kòmanse, ou ka itilize konpetans ou pi fò a pou vini ak yon pwodwi ke moun bezwen reyèlman.

? Poze tèt ou keksyon (Develope kapasite ou pou fè biznis):

Nan kisa mwen bon reyèlman epi mwen renmen fè?

_____

_____

_____

"Nan kisa mwen ka vin pi bon nan mond lan?" (Jim Collins, 2011, p.13).

_____

_____

37

Kijan mwen ka devlope konpetans sa nan yon fason ki pi aktif?

_____

_____

Kilès nan konpetans mwen yo ke moun yo bay plis valè?

_____

_____

Kijan konpetans mwen yo, pastan mwen, enterè ak pasyon mwen mache ak bezwen mond lan?

_____

_____

Kisa mwen ka fè ak sa mwen genyen?

_____

_____

Eske gen otorizasyon /fòmil espesyal map bezwen pou mwen jwenn konfyans kliyan mwen yo? Ki kalite ekspè ak fòmasyon ki ka ede mwen grandi plis?

_____

Èske mwen pi bon nan fabrike pwodwi mwen yo oswa nan monte antrepriz la, epi kisa biznis la plis bezwen nan men mwen kounye a?

Medite sou vèsè Labib sa yo (Develope kapasite ou pou fè biznis):

Talan ki byen devlope ogmante enfliyans ou epi li louvri pòt pou ou. Pwovèb 22:29 (ESV): *"Montre m'yon nonm ki gen ladrès nan sa l'ap fè. Se moun konsa k'ap rive travay ak chèf. Li pa pral travay ak moun ki pa anyen. "*

Bondye ban nou talan depi lè nou fèt epi li ede nou devlope yo. Egzòd 31:1-5 (NIV): *"Seyè a pale ak Moyiz, li di l': Mwen chwazi Bezaleyèl, pitit Ouri, pitit pitit Our, nan branch fanmi Jida a. Mwen mete lespri m'sou li an kantite pou l' ka gen ladrès, bon konprann ak konesans pou l'fè tout kalite travay atizan yo konn fè, pou l' ka fè bèl desen, pou l' travay yo an lò, an ajan ak an kwiv, pou l' travay pyè tankou òfèv yo konn fè a, pou l' monte yo sou nenpòt bagay, pou l' ka fè desen sou bwa, wi pou l'fè tout kalite bon bagay atizan konn fè. "*

Lè ou kiltive talan ou sa ap akselere siksè ou. Eklezyas 10:10 (ESV): *"Si dan rach ou pa koupe, si ou pa file l', ou gen pou travay pi rèd lè ou ap sèvi avè l'. Men bon konprann ap fè ou reyisi nan sa ou ap fè. "*

Lè ou bay jefò ou ak tout kè ou , kapasite ou ap devlope. Kolòs 3:23 (ESV): *"Nenpòt travay yo ban nou fè, fè l' ak tout kè nou tankou si se pa pou lèzòm nou t'ap travay, men pou Seyè a. "*

Bondye sèvi ak sa ou genyen pou reponn ak bezwen ou ak avanse ak objektif li yo. 1 Wa 17:12-16 (NIV): *"Madanm lan reponn li: - Mwen pran Seyè a, Bondye ou la ki vivan an, pou temwen, mwen pa gen pen tou kwit lakay mwen. Tou sa m' genyen se yon ponyen farin frans nan yon ti bòl ak tigout lwil nan yon boutèy. Mwen vin ranmase de ti bwa la a pou m' al pare ti sa ki rete m' lan pou mwen ak pitit gason m' lan. Lè n'a fin manje l', nou pral rete konsa jouk grangou touye nou." Eli di li: -Pa bat kò ou! Ale pare ti manje ou la! Sèlman fè yon ti pen pou mwen anvan, epi pote l' vini. Apre sa, ou a fè yonn pou ou ak pitit gason ou lan. Paske men pawòl Seyè a, Bondye pèp Izrayèl la, di: Ti bòl farin frans lan ak ti boutèy lwil oliv la p'ap janm vid jouk jou mwen menm Seyè a m'a fè lapli tonbe sou latè ankò. Madanm lan ale, li fè sa Eli te di l' fè a. Se konsa pandan lontan, ni madanm lan, ni pitit gason l' lan, ni Eli, yo tout jwenn manje pou yo manje. Te toujou gen farin frans nan ti bòl la ak lwil oliv nan ti boutèy la, jan Seyè a te mete pawòl la nan bouch pwofèt Eli.."*

Leson 1E: Ekri tout bagay

Swiv konsèy ekspè yo (ekri tout bagay):

Lè ou ekri, sa ede ou wè panse ou yo pi klè, li fè yo vin pi reyèl, epi li konsève yo pou ka reflechi epi poze aksyon sou yo pi devan. Li enpòtan anpil pou ou panse, ekri yo sou papye epi aji sou yo pou ou ka mete sou pye yon biznis ki solid.

12 lanne apre mwen te kòmanse biznis mwen an, mwen reyalize ke ekri se bagay ki pi enpòtan mwen fè. Mwen eseye ekri chak jou. Men kèk nan bagay ki pi enpòtan yon antreprenè ekri: non konpayi a ak eslogan li, non pwodwi yo, vizyon, misyon, valè, objektif, planifikasyon, sistèm, politik, mesaj pou piblisite ak lèt pou kliyan yo, anplwaye oswa founisè yo. Ekri se yon bagay ki enpòtan anpil paske bon jan kominikasyon se kle pou dirije byen, epi lè ou ekri li fòse ou kominike pi klè ak nan fason ki senp. Kidonk fòk ou aprann renmen mo yo epi itilize yo ak anpil atansyon. Pa gaspiye mo yo, fè chak mo vle di yon bagay. Yon bon tan anvan Edward Bulwer-Lytton te di fraz sa "yon plim gen plis fòs pase yon epe", Bondye te gen tan itilize mo ki senp pou li pale ak mond la nan egzistans yo! Yo rele Jezi Pawòl la paske li montre nou Bondye. Epi Bondye te enspire moun pandan yon pakèt tan pou yo ekri bib la ki se liv ki vann pi plis nan mond lan pou tout tan.

T

? *Poze* **tèt ou keksyon (ekri tout bagay):**

Èske mwen renmen mo yo tankou Bondye renmen yo tou?

_____

Kijan mwen ta dwe itilize gwo zouti sa?

_____

_____

Ki kèk nan bagay mwen dwe pran tan mwen pou mwen ekri?

_____

_____

Ki moun ki ka ede mwen amelyore kapasite mwen lè m'ap ekri?

_____

_____

Ki pati nan biznis la mwen bezwen reflechi sou yo, ekri yo epi aji sou yo?

_____

_____

Medite sou vèsè labib sa yo(ekri tout bagay)

Lè nou fè bagay yo tounen pawòl sa ede nou fè plis ak yo. Jenèz 2:19-20 (NIV): *"Se konsa, Seyè a, Bondye a, pran pousyè tè, li fè tout kalite zannimo ki nan savann ak tout kalite zwazo k'ap vole nan syèl*

*la. Lè l' fini, li mennen yo bay nonm lan pou wè ki non li ta pral ba
yo. Se non li te ba yo a ki rete pou yo nèt. Se konsa, nonm lan bay tout
bèt yo gade, tout bèt nan bwa ak tout zwazo ki nan syèl la non yo.
Men, pa t' gen yonn ki te sanble avèk Adan, ki ta ka ede l' ."*

Pawòl yo pwisan anpil, lè nou ekri yo, yo vin disponib pou anpil
moun pou anpil fwa ak anpil kote. Pwovèb 18:21 (ESV): *"Sa ou di
ka lavi pou ou, li ka lanmò pou ou. Sa ou chwazi, se sa ou ap jwenn
. "*

Leson 1F: Adapte biznis ou ak plan lavi ou :

 *Swiv* konsèy ekspè yo (Adapte biznis ou
ak plan lavi ou):

"Plan lavi ou dwe pase anvan plan biznis ou" (Brodsky &
Burlingham, 2008). Sa se yon disiplin ki enpòtan anpil paske biznis
yo toujou gen tandans pran pye su tout afè ou . Menm lè biznis la
pral domine tan

Ak enèji ou nan premye ane yo ou demare biznis la, ou dwe toujou
kenbe sa nan tèt ou. Fòk ou klè poukisa biznis ou an egziste ak
kijan li mache ak objektif lavi ou.

Tanpri itilize keksyon sa yo pou reflechi sou objektif lavi ou?Please
use the following questions to reflect on the purpose of your life. Ki
rèv ou pou lavi ou? Kisa ki enpòtan pou ou (valè ou yo)? Kisa ki ka

43

pote pwogrè pou ou? Kisa Seyè a mete nan kè ou pou fè ak lavi ou? Poukisa ou isit la? Si ou te gen pou ou ekri objektif lavi ou, kisa li tap ye? Ki twa pi gwo bagay ou vle reyalize anvan ou mouri? Mande Bondye pou li gide jan ou ap reflechi ak ekri? Epitou, chèche jwenn opinyon paran ak lidè legliz ou ki konnen ou byen.

Kounye a ou fin pase yon ti tan ap reflechi sou sa, tounen gade li prèske chak mwa pou ou kapab revize li, fè l pi byen nan jan ou ap aprann konnen tèt ou pi byen ak jan Bondye ap mete nouvo ekpsperyans sou wout ou ki pou fòme w plis.

Poze tèt u keksyon (adapte biznis ou ak plan lavi ou):

Kijan biznis ka entegre bi ak objektif lavi mwen?

_____

_____

Èske se bon moman?

_____

_____

Poukisa mwen vle kòmanse yon biznis?

_____

_____

Èske rezon an fò ase pou ede mwen ak difikilte mwen pral rankontre yo. Priye bondye pou mande li si reyèlman li rele ou pou fè biznis.

_____

_____

 *Medite* sou vèsè labib sa yo (Adapte bisnis ou ak plan lavi ou):

Tout bagay ki okipe dezyèm plas yo jwenn objektif yo nan relasyon ak sila yo ki okipe premye plas la. Matye 6:33 (NIV): *"Pito nou chache bay bagay peyi Wa ki nan syèl la premye plas nan lavi nou, chache viv jan Bondye vle l' la anvan. Lè sa a, Bondye va ban nou tout lòt bagay sa yo tou."*

Leson 1G: Fè tan travay pou ou

Swiv konsèy ekspè yo (Fè tan travay pou ou):

Biznis pral pran pi fò nan tan ou nan premye ane yo, se pou rezon sa ou dwe gade kisa sa ap koute pou ka deside kisa pou ou abandone. Ou dwe aprann jere tan ou pi byen.

Avèk sèlman 24 èdtan chak jou, tan se yon bagay ki ra epi ki gne anpil valè. Apot Pòl egzòte nou pou li di "Pa kite okenn okazyon pase pou fè sa ki byen"(Efèz 5:16). Si ou pa aktif nan jan ou ap itilize tan ou, ou pral estrese jiskaske ou pa kapab nan fè fas ak tout egzijans yon biznis mande Pou mete l' sou pye. Si ou mete biznis nan lavi ou, ou ap bezwen retire yon bagay oswa plizyè bagay! Pa eseye retire twòp nan tan pou dòmi paske ou bezwen l' pou tèt ak kò rete an sante, sa ke ou ap bezwen definitivman. Menm jan ak ekzèsis fizik, manje ki pou bay lasante, envesti nan fanmi ak zanmi, epi pran yon jou repo chak semenn pou ranfòse relasyon ak depandans ou nan Bondye. Kidonk, kisa ou pral abandone ? Ou pral bezwen aprann di "non" ak "se pa kounye a" ak sa ki ap gaspiye tan ou epi okazyon fasil yo. "Bon se lènmi Pi bon." (Collins, 2011, p.1)

Sekrè ki genyen pou chwazi kisa pou fè ak tan ou se lè ou rive fè diferans ant sa ki ijan ak sa ki enpòtan. Yon bagay ki ijan gen dwa pa vle di li enpòtan pou sa. Gen kèk bagay ki entewonp ou tankou apèl, imèl ak ijans ki enpòtan pou lòt moun, men èske yo rantre nan sa Bondye rele ou pou fè a, objektif lavi ou ak biznis ou? Pafwa repons la se «Wi » epi se yon okazyon pou « refize tèt ou » pou sèvi lòt moun ak ranpli devwa fanmi ou. Gen lòt fwa ou dwe sispann fè moun plezi pou ou ka rete konsantre sou sa ki pi enpòtan pou an. Nan travay ou, sa dwe pi gwo objektif ki pou pèmèt vizyon ak misyon biznis ou an avanse. Anpil fwa gwo objektif sa tabli pou anpil tan, se sa ki fè yo pa twò ijan pou kounye a. Men si ou pa toujou ap make ti pa ki pou fè ou rive ladan yo, ou ka pa janm rive jwenn yo. "Kijan ou manje yon elefan?" "yon sèl bouche!"

Yon lòt bon konsèy pou jere tan se konsakre yon kantite tan san yo pa deranje ou pou bagay ki enpòtan yo. Mwen ap fè sa kounye a. Mwen nan yon vwayaj pou yon semenn pou mwen ka kòmanse ekri liv sa. Lè mwen fini kèk bagay anvan mwen kite lakay mwen epi lè m' dekonekte ak tout ti travay mwen konn fè chak jou ak sa ki konn deranje mwen yo, sa pèmèt mwen reflechi epi ekri pawòl sa yo. Sa enpòtan anpil pou jan Bondye fè koneksyon yo nan sèvo nou. Nou pa kapab reyèlman fè plizyè tach nan menm tan, gen etid ki montre kòman sèvo a pran apil tan ak enèji pou li ap fè tranzisyon ale vini ant plizyè tach.

Sèvo nou travay pi byen lè nou konsantre nou sèlman sou yon sèl bagay. (Medina, 2014, p.115) Se pou rezon sa, ou dwe deside davans ki gwo objektif ak travay pou mete nan kalandriye ou pou semenn nan, apre sa mete bagay ki gen mwens enpòtans yo bò kote yo. "sekrè a se pa pou bay priyorite ak sa ki nan kalandriye ou yo, men pito se pou ou bati yon kalandriye pou priyorite ou yo." (Covey, 1989, p. 161). Menm jan ak lajan, tan ap kouri ale si ou pa di li ki kote pou li fè. Se pou rezon sa , ou dwe itilize yon kalandriye pou tan ou menm jan ou itilize yon bidjè pou lajan ou.

❓ *Poze* tèt ou keksyon (Fè tan travay pou ou):

Kisa mwen pral sakrifye pou mwen ka jwenn tan pou m' mete yon biznis sou pye?

47

_____

_____

Ki bagay ki ap gaspiye tan(li te mèt se sa ki ap pwodwi li oswa restore l') mwen ka retire nan lavi mwen?

_____

_____

Ki demand ki ijan ki mande tan mwen men ki pa vrèman enpòtan?

_____

_____

Kijan mwen ka retire yon pati nan tan mwen ki pa konn gen deranjman pandan semenn nan pou mwen fè bagay ki enpòtan pou m' mete biznis mwen sou pye?

_____

_____

Medite sou vèsè Labib sa yo (Fè tan travay pou ou)

Tan se yon kado ki presye pou dirije. Efèz 5:15-16 (NIV):
"Se sa ki fè, konnen ki jan pou n' mennen tèt nou! Pa mennen tèt nou tankou moun ki sòt, men tankou moun ki gen konprann. Pa kite okenn okazyon pase pou fè sa ki byen. Paske, jou sa yo n'ap viv la a pa bon menm. "

Jan lavi a kout la montre tout valè tan genyen. Sòm 90:12 (NIV): *"Montre nou pou nou pa bliye jan lavi nou kout, pou nou kapab chache konprann tout bagay."*

👀 Obsève jèn yo ki swiv konsèy:

Lè Alejandro ak Maria te fin kòmande manje epi yo chita nan plas yo, Alejandro te priye avèk anpil fèmte. Li te remèsye Bondye pou manje a epi li te mande li pou li gide yo nan lòt etap yo. Maria te retire telefòn li pou li te ka pran nòt. "oke Alejandro, an nou reflechi sou sa. Poukisa Bondye ta rele nou pou nou kòmanse boulanje pa nou? Mwen vle ekri tout avantaj ak enkonvenyan anvan nou kòmanse."

Alejandro te kòmanse pale byen rapid:

"Premyeman, ou renmen fè manje. Bon gou, bon jan epis ak bèl koulè - grann ou te montre ou tout sekrè ki genyen nan fè manje. Depi lè ou te tou piti, ou te travay di lekòl ak lakay ou. Tout moun toujou ap mande ou si yo ka vin manje lakay ou. Ou se pi bon kizinyè ke mwen konnen !

"Dezyèmman, mwen renmen fè bon zafè. Mwen pral fè nou jwenn pi bon pri sou engredyan yo, ekipman yo ak lwaye kay la. Depi lekòl m te toujou pi renmen tout kou sou koze lajan. Epi tonton mwen te montre kijan pou m' pale ak moun. Li toujou ap souri, li ap mande yon pi bon pri pou li fè magazen an mete yon bagay anplis gratis pou li.

Mwen ka fè sa li fè a!

"Twazyèmman, nou se travayè ki travay di. Nou pa bezwen gaspiye tan nou nan foutbòl, televizyon ak telefòn. Nou vle mennen yon pi bon vi. Epitou si nou fè sa byen, nou ap kapab anboche Mario ak anpil lòt moun. Moun nan legliz nou an bezwen bon djòb!"

Maria pran yon ti tan pou li reflechi. Apre li di, "Men nou jèn apil! Kijan nou ap fè pwoteje tèt nou kont bandi yo ? e si pèsonn moun pa vle achte pen nou yo ? Nou dwe reflechi sou defi yo tou!"

Alejandro gade Maria epi li souri. " ou te tande prèch legliz la, pa vre? Pastè a te di nou dwe fò epi pran kouraj menm jan ak Jozye. Ou chèche pwoblèm yo ; mwen ap pote solisyon yo. Nou ap fòme yon ekip. Mwen konnen ke nou ka fè sa ansanm!"

Evite senk gwo erè sa yo:

1. Lè li pa nan entansyon ou   pou devlope karaktè ak konpetans ou.
2. Aprann fabrike yon pwodwi san ou pa devlope yon antrepriz.
3. Lè ou souzestime kantite tan ak enèji yon biznis ap mande nan men ou .
4. Lè ou panse ke biznis se sèlman fè lajan,li gen mwens valè

pou respekte pase metye ki plis espiriyèl yo.

5. Lè ou pa ekri bi ak objektif lavi ou.

Devlope senk gwo abitid sa yo:

1. Eseye diferan kalite travay pou wè sa ki angaje konpetans ou epi beni lòt moun.
2. Bati konfyans ak relasyon ki pou dire anpil tan nan chak pati nan lavi ou.
3. Ou mèt pran anpil ti ris paske ou konnen echèk yo pap diminye nan idantite ou kòm yn pitit Bondye.
4. Fè pwojè ki pran anpil tan (mwa oswa ane) pou reyalize.
5. Li epi ekri chak jou.

Swiv egzanp lavi ti jèn peyi Onndiras la:

Fausto Varela se pi bon egzanp ke nou konnen nan nenpòt ki peyi kòm moun ki swiv konsèy modil sa pou ou toujou ap aprann. Se yon gason mens ak yon konpòtman ki montre li swaf yon bagay, li gen kèk ti bouklèt nan cheve l', li menm montre ou ke li grangou pou konesans! Li devore liv sou devlopman pèsonèl ak biznis pi rapid pase tout lòt moun nou konnen. Li mete sa li aprann yo an pratik, apre li jwenn bon rezilta. Nou pote istwa li pou ou avèk pawòl pa li (ak koreksyon Carol McGehe). Tanpri koute avèk anpil

51

atansyon konsèy ekspè a nan modil sa, espesyalman sou "devlopman karatè ou" ak "develop konpetans pou fè biznis."

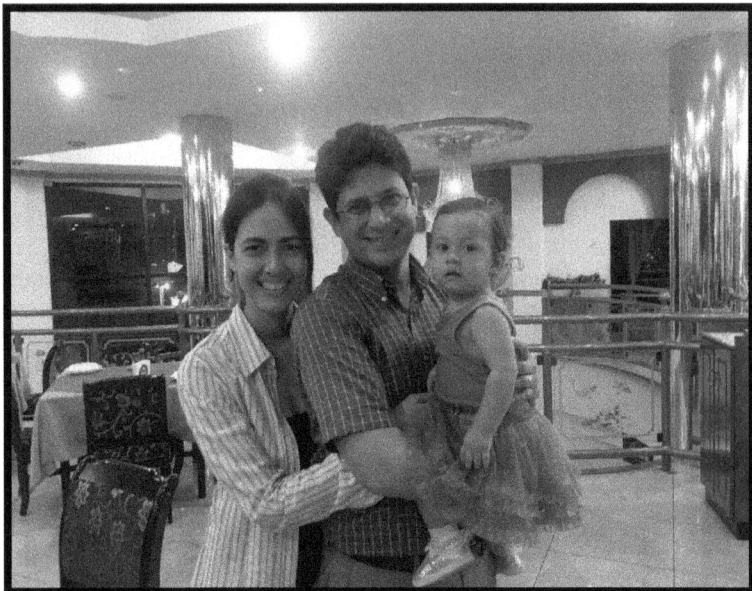

Fausto with his family

Fausto Varela: *"Mwen sonje ke mwen gen lide biznis depi lè mwen te gen 9 lanne. Lè mwen te vizite grann mwen nan yon sezon ete epi mwen te wè pye mango li a, mwen te di tèt mwen, 'Si sèlman mwen te kapab pran tout mango sa yo al lakay mwen, tranche yo, epi ajoute sèl ak epis santi bon, mwen te kapab fè anpil lajan nan vann yo nan lekòl la . 'Se konsa, mwen te fè sa. Li te mache tèlman byen ke responsab lekòl yo te fèmen biznis mwen an paske mwen te nan konpetisyon ak kafeterya lekòl la! Se konsa, mwen te gen anpil mango ki te rete pou mwen te manje. Tout lide biznis mwen yo te souvan mete m' nan pwoblèm, espesyalman ak pwofesè mwen yo. Se sèlman lè mwen te rankontre ak madanm mwen Jackie, , mwen te jwenn yon moun ki tap koute lide m' yo san li pa ri mwen oswa woule je l', epi li te gen gwo rèv menm jan avè m.*

52

Jackie ak mwen se te de mizisyen, pwochen tantativ mwen an pou vin tounen yon antreprenè se te kreye yon biznis ak Jackie ki te ka ede jèn mizisyen isit la nan Ondiras jwe nan konsè. Mwen te espere ke yon biznis te ka ede m 'soti nan dèt ki te ap toumante m' yo.

Menm lè se lekòl ki te sèlman "travay" mwen, mwen te prete lajan pou mwen te ale nan yon festival mizik san mwen pa te reyalize ke lè mwen tounen, mwen pa tap genyen yon travay pou ede m' peye prè a. Mwen pa te gen okenn lide sou kijan yo jere lajan.

Yon jou apre konsè a, mwen te remake yon liv sou finans pèsonèl ak biznis ke mwen te fè papa m ' kado. Depi lè a li pa te janm li li, kidonk mwen te pase men pran l'. Pandan mwen te rete ap tann yon bis, mwen li senk chapit ankè epi mwen jwenn egzakteman enfòmasyon mwen te bezwen an! Mwen te swaf konesans. Finalman mwen te rive soti tèt mwen nan dèt ak lide ti biznis epi jwe nan konsè toupatou.

Avèk èd nan bòpè mwen ki te ankouraje nou pou mete konfyans nan Bondye pou gide desizyon biznis nou an, nou te kòmanse obeyi Pwovèb 3: 5 ki di 'Mete tout konfyans ou nan Seyè a. Pa gade sou sa ou konnen. Se pou ou soumèt ou devan li nan tout fason, epi li pral fè wout ou dwat. 'se yon pwosesis aprantisaj ki toujou ap kontinye pou vin yon antreprenè ki gen matirite ak kreye richès pandan ke nou ap mache avèk Bondye epi kite enfliyans Li koule nan kè nou ak lespri nou.

Nou te kòmanse biznis nou nan dat ki te 15 fevriye 2010, li te pote non " Lekòl Mizik Soli Deo Gloria " (ki vle di nan lang Laten, "Tout glwa se pou sèl Bondye "). Nou te kòmanse avèk sèt elèv nan yon ti espas ki andedan legliz nou an. Nou te kontinye aprann e nou te pase a 12, apre sa 20 elèv. Apre nou te fin fè kèk chanjman nan sistèm nou epi anboche kèk pwofesè anplis, nou te vin gneyen 27 elèv.

Pou kounye a nan kwasans nou, mwen te tande Evan Keller (ki se direktè Creating Job Inc ak youn nan otè prensipal liv sa a) pale nan yon seminè ki te fè nou vin tounen yon patisipan nan pwogram konsèy Creating Jobs Inc fè an nan kolaborasyon ak legliz nou an 'Iglesia Cristiana Vida Abondante'. Nou te patisipe nan premye sesyon konsèy nou an avèk Evan Keller ak Larry McGehe nan mwa fevriye 2013. Ane sa a, gras ak pwogram konsèy la, kantite elèv yo te double soti nan sa ki te 44 pou rive nan 88 elèv!

Pou biznis nou an te ka grandi grandi, nou te oblije aprann anpil sijè ki pa gen anyen pou wè ak mizik, tankou relasyon moun, relasyon piblik, finans, maketing, lavant, kontablite, pwosedi legal, pwodiksyon, lidèchip, entèlijans emosyonèl , e menm ki jan pou byen parèt devan kamera! Sensèman, lis la pa janm fini. Bondye te toujou fidèl, e nou vrèman renmen pwosesis aprantisaj sa ki toujou ap kontinye a. (Pwofesè lekòl segondè mwen yo tap fache si yo tande mwen di sa!)

Apre nou te fin tande yon lòt biznisman ki gen bon konprann, Jim Rohn, ki di konsa: 'Revni ou pa fasil depase devlopman pèsonèl ou,' (https: llyoutu.beljnBdNkkceZw) nou te konnen nou bezwen aktif epi devlope yon plan pou amelyorasyon pèsonèl nou. Nan jefò nou tap fè pou vin antreprenè ki ap reyisi, nou te oblije toujou kontinye aprann plis chak jou. Sa ki te bèl la se plis la nou etidye, se plis la nou reyalize kantite bagay nou pa konnen! Nou te kontinye rankontre ak bòpè mwen, men nou te chèche tou lòt konseye ki ka ede nou nan kèk domèn espesifik. Nou ale nan seminè, nou li tankou moun fou, epi nou te koute anrejistreman ki gen anpil valè sou devlopman pèsonèl.

Jounen jodia, pandan map rakonte nou istwa sa, lekòl la ap sèvi plis pase 120 elèv e li kontinye ap grandi pandan nou ap aprann. Tout Glwa se pou sèl Bondye!"

Ou ka wè ki jan Fausto ak Jackie byen swiv konsèy modil sa a pou te grandi karaktè yo ak konpetans yo pou fè biznis yo. Menm bèl talan mizik yo montre ke yo pran angajman pou devlope sa Bondye te ba yo. Idantite yo nan Kris la ba yo konfyans pou fè pwogrè nan biznis. Yo konprann objektif labib la nan koze biznis se satisfè bezwen yo nan mond lan, ki gen ladan tou bèl mizik yo ede elèv yo konpoze!

Travay ak gwoup ou:

Fè plizyè gwoup ki gen 3-4 moun ladan yo kote mwatye nan gwoup kapab itilize papye ak kreyon pandan lòt mwatye gwoup yo pa kapab. Chak gwoup dwe fè travay sa a: fè adisyon kantite total kote ki genyen nan yon ... kare, kib, triyang, ak yon piramid ki gen twa kote. Make tan chak gwoup pran pou fini travay la. Èske gwoup yo ki te gen papye ak kreyon yo travay pi vit e poukisa? Kijan lè nou ekri bagay yo ede sèvo a travay pi byen ?

Gid pou pwofesè a: Repons chif yo se: $4 + 12 + 3 + 6 = 25$. Desen ede nou vizyalize, lè nou ekri chif ak mo yo, sa pèmèt sèvo nou soti nan etap kenbe nan memwa l' pou yon ti tan pou li rive nan reflechi. Lè nou ekri panse yo, nou ka pi byen marye yo ansanm, amelyore fason nou ap ekri yo, epi plis devlope ak eksplike lide yo. Lè nou pran abitid ekri, si nou jis pran yon plim oswa yon klavye òdinatè, sa ka deklanche sèvo a pou di li lè pou li kreyatif!

Aplike modil sa ak:

PRIYÈ — Mande Bondye pou revele mwen kilès mwen ye kòm

yon objè ki fè pati lanmou Li ki san mezi a. Mande Bondye pou montre mwen plis talan li ban mwen yo. Mande Bondye pou chanje karaktè mwen apou mwen pi byen sanble ak Jezi. Mande Bondye ki karaktè mwen dwe chèche genyen. Mande Bondye pou montre mwen kijan konpetans mwen reponn ak bezwen mond li a. Mande Bondye pou montre mwen si li ⁄ rele mwen reyèlman nan koze biznis.

RECHÈCH — Pase youn nan evalyasyon karaktè sa yo tankou StrengthsFinder, Meyers-Briggs, oswa DISC. Rechèch mande konpetans ak otorizasyon, ak kijan pou nou jwenn yo.

KREYATIVITE — M'ap ekri yon ris mwen kapab pran pou devlope talan Bondye ban mwen yo. Mwen ap kòmanse ak yon nouvo abitid ke Bondye kapab itilize pou fòme karaktè mwen. M'ap ekri objektif lavi mwen epi chèche opinyon moun sou yo.

AKSYON — M'ap achte yon kaye pou m' kenbe tout nòt biznis mwen an oswa m'ap jwenn yon fason rapid jwenn pou mwen gen aksè ak lide biznis mwen sou aparèy elektwonik mwen. Nan kaye ou, pran tan pou ekri refleksyon ou sou kesyon sa yo ke Warren Buffett(dezyèm moun ki pi rich nan mond lan)sijere:Tankou kilès ou vle ye? Ki moun ki repouse ou? Ekri aksyon yo ak karaktè karaktè ki kache ou wè nan tou de. Deside ki karakteristik ou vle grandi ladann ak kisa ou vle soti ladann. Andres Panasuik sijere ke ou fè yon lis de sa ou genyen (opòtinite, relasyon, ak talan) epi mande Bondye kijan li vle itilize yo. (Buffett, Panasuik, 2015)

KLIYAN YO — Mande kliyan potansyèl ou yo kilès nan karakteristik ki anwo yo ki pi enpòtan pou yo nan moun yo ap fè biznis ak yo.

KONSEYE YO — Mande yo pou evalye karaktè mwen ak fòs mwen. Idantifye ki karakteristik nan konseye mwen yo mwen vle imite epi mande kouman yo te rive grandi nan pati sa yo.

LAJAN — itilize yon ti kantite lajan pou fè yon moun souri semèn sa a, epi gade kisa ou aprann de lajan tankou yon zouti.

TAN — Chwazi youn nan 5 bon abitid modil sa a pou kòmanse fè pratik. Ekri epi mete kantite lè sou chak aktivite mwen fè sou yon peryòd 24 èdtan, apre sa a, ekri sa ki te etone m' sou jan mwen sèvi ak tan mwen yo ak ki aktivite ki te ijan ak / oswa enpòtan. Se pou mwen deside kisa ki ap gaspiye tan m' mwen dwe diminye oswa elimine nan semèn mwen an. Eseye kenbe yon jou repo chak semèn. Se pou mwen deside ki sakrifis mwen ta dwe fè si mwen kòmanse yon biznis.

Pratike valè yo:

Entegrite — Lè ou aji tankou Jezi nan panse ak aksyon ou, se sa ki vle di ou gen entegrite. avèk pouvwa Bondye a, ou ka grandi nan karaktè ou jan modil sa a pale de sa. Sa a pral fè biznis ou ak relasyon pèsonèl ou rete an sante epi vin plis agreyab.

Ekselans —Lè ou travay di pou devlope konpetans ou yo, sa reflete "bon jan"travay Bondye a. Lè ou fè grenn talan Bondye te plante nan ou grandi, ou onore Li menm jan ak adorasyon ou ba li nan legliz!

Bon jesyon — Tan se yon kado, yon trezò presye Bondye bay ke moun pa fasil pran responsablite pou li. Pandan ke ou gen souf lavi a nan ou, sonje ke ou reprezante Bondye. Se poutèt sa, ou dwe byen itilize tan ou pou fè lwanj li.

Diyite — Travay se yon bon kado ki soti nan Bondye, lè ou fè yon bon travay sa bay objektif ou sans. Lè ou wè ki jan travay ou se yon pati nan renmen pwochen ou, li raple ou ki moun ou ye - yon pitit gason oswa yon pitit fi Bondye ki se lanmou.

Fè evalyasyon biznis jèn nan:

Revize nòt ou yo sou modil sa. Kounye a, imajine ou se konseye pwofesyonèl pou biznis!

- Kisa Alejandro ak Maria fè ki bon nan jan yo ap prepare pou kòmanse boulanje yo a?
- Ki leson yo bezwen aprann?
- Ki konsèy ou te ka ba yo pou byen kòmanse?

Konklizyon:

Modil sa te montre kijan yon antreprenè ki gen matirite ye. Reflechi si wi ou non se moun sa ou vle ye. Nan ki nivo ou ye, ki jan ou pral grandi al pi lwen? Lè ou mennen tèt ou byen se premye pa nan direksyon pou vin yon moun ke lòt moun pral vle swiv.

Itilize *Start*Book Plan a:

Kounye a ou fini ak modil sa a, tanpri ranpli Plan Liv Pou Demare ou an nan lòt paj la. Reflechi sou sa ou te aprann yo epi chwazi objektif ki enpòtan pou ou pou ou aplike modil sa a nan biznis ou pandan 12 mwa ki ap vini yo. Ekri objektif ou, twa aksyon pou reyalize li, ak dat pou fè chak aksyon. Toujou gade Plan Liv Pou Demare a tankou yon zouti pou ou devlope biznis ou.

StartBook Plan

Apèsi modil sa: Aprann kisa ki fè yon antreprenè gen matirite. Evalye tèt ou epi planifye pou grandi.

Objektif #1 "Ou Menm" pou 12 mwa ki ap vini yo:

3 pi gwo etap mwen pral fè pou mwen rive nan objektif la:

1.

Dat pou fini aksyon an: _____ Dat pou fini aksyon an:_____ Dat reyèl li fini an: _____

2.

Dat pou fini aksyon an: _____ Dat pou fini aksyon an:_____ Dat reyèl li fini an: _____

3.

Dat pou fini aksyon an: _____ Dat pou fini aksyon an:_____ Dat reyèl li fini an: _____

2. Solisyon

Apèsi Modil la: Pote yon sèl solisyon ki reponn ak yon pwoblèm reyèl, kite opinyon kliyan yo fasone pwodwi ou an oswa sèvis la. Konstwi idantite biznis ou an sou solisyon sa epi devlope sistèm pou fabrike pwodwi ou an san danje epi nan yon fason ki efikas.

Modil 2: SOLISYON

An nou konsidere apèsi modil la: Pote yon sèl solisyon ki reponn ak yon pwoblèm reyèl, kite opinyon kliyan yo fasone pwodwi ou an oswa sèvis la. Konstwi idantite biznis ou an sou solisyon sa epi devlope sistèm pou fabrike pwodwi ou an san danje epi nan yon fason ki efikas.

Obsève jèn yo ki bezwen konsèy:

Apre yo te fin pale ak yon konseye, Alejandro ak Maria te deside mande tout moun yo te konnen ki sa ki fè yon bon krèp. Yo te ekri chak repons yo nan yon kaye, apre sa a, yo te rankontre de jou apre pou yo pataje sa yo te tande. Ide prensipal yo te fòk li: fre, cho, bon mache, mou, pa dous, pa gen vye odè, yon ti kras gonfle epi sale.

Maria te reponn "Men Alejandro, mwen deja konn tout bagay sa yo!". "Poukisa nou ap pèdi tan nou mande moun kisa yo renmen? Tankou ou te di a, mwen se pi bon kizinyè ke ou konnen ! kisa sa ap itil? An nou jis kòmanse!"

Diskisyon: Kisa Alejandro ak Maria te ka fè pou yo jwenn enfòmasyon ki pi enpòtan nan men kominote yo an?

Leson 2A: Chwazi yon pwoblèm pou rezoud

Swiv konsèy ekspè yo (Chwazi yon pwoblèm pou rezoud):

Antreprenè yo se moun ki rezoud pwoblèm epi ki reponn ak yon bezwen. Koute kisa ou menm ak lòt moun ap plenyen pou yo. Gade pou wè kisa yo "vle" ak sa yo "bezwen" nan kominote w la epi pale ak anpil moun jan ou kapab sou eksperyans yo ak pwoblèm sa a. Fè yon lis pwoblèm sa yo epi brase lide sou solisyon ki posib ak zanmi ou, fanmi ou epi konseye yo.

Eri pi bon ide ou yo (Wi!). Si gen moun ki deja peye pou kèk solisyon ak pwoblèm ou chwazi a, gen chans ke li enpòtan ase pou rezoud. Chèche amelyorasyon oswa altènativ ak solisyon ki deja egziste yo. Etidye fòs ak feblès yo.

(1)Premyeman chwazi youn nan pwoblèm ou te idantifye yo ki ap nwi moun yo pou bati yon biznis sou li, (2) dezyèmman. ou jwenn yon bon solisyon pou li, epi (3) twazyèmman, ou ka ekipe tèt ou pou rezoud nan tan ki ap vini yo. Menm si ou te reyisi idantifye solisyon egzak ke anpil moun ta vle itilize lajan yo pou li, pa gen okenn garanti ke ou se moun ki pi bon ki ap ofri li. Sa ka rive ke ou pa gen konpetans yo, zouti, lajan, materyèl oswa konesans pou rive pwodwi li avèk siksè. Li bon pou ou aprann ti kras pa ti kras, men asire w ke ou chwazi yon bagay ou ka konpetitif landann byen vit. Fòk ou anbisye epi reyalis *nan menm tan*

64

? *Poze* tèt ou keksyon (Chwazi yon pwoblèm pou rezoud:

Ki pwoblèm moun plenyen pou yo?

_____

_____

Ki solisyon ki posib?

_____

_____

_____

Medite sou vèsè labib sa (chwazi yon pwoblèm pou rezoud):

Lè ou rezoud yon pwoblèm nan yon kominote, sa kreye relasyon solid ak anpil vwazen. Mak 12:31 (NIV):

«Se pou ou renmen frè parèy ou tankou ou renmen pwòp tèt pa ou. Pa gen lòt kòmandman ki pi konsekan pase sa yo. »

Leson 2B: Chèche avantaj ki fè ou diferan

Swiv konsèy ekspè yo (chèche avantaj ki fè ou diferan):

Gade si gen nenpòt avantaj ou te ka jwenn nan pote solisyon ke yo bezwen an, tankou yon sous materyèl bon jan kalite oswa zouti ki pa chè. Pou Ruy Gomez Gutierez, se yon pwodwi bon jan kalite nan yon pri ki ba – sa ki difisil pou jwenn. Li se pwopriyetè antrepriz Signia nan Queretaro, peyi Meksik. Li te fouye pandan lontan jiskaske li te jwenn yon founisè lokal ki ka ba li bobin aliminyòm pou li te fè kanal lèt yo pou ansèy kliyan li yo. Lè li te fè chanjman sa nan sispann enpòte aliminyòm, li te rive sèvi kliyan li yo pi vit epi soti nan tout vye pwosedi enpòtasyon gen ladann. Sa ki te pi bon ankò a, li te redwi pri materyèl li yo koute a 85%! Li te kapab bese pri li yo epi li te vin premye founisè ki ap pwodwi kalite ansèy sa yo nan rejyon li a, pandan ke li toujou ap ogmante maj benefis li. Li te rive sipòte ekonomi lokal la epi li diminye depans transpò ki initil yo.

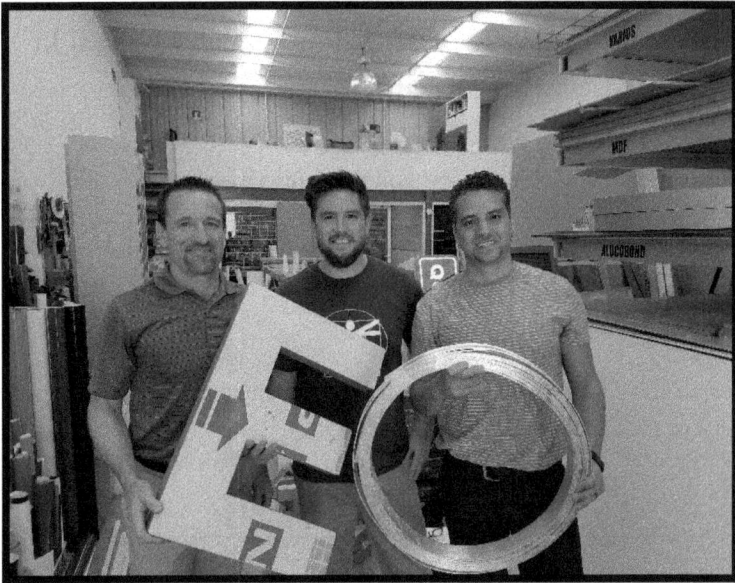

Ruy nan mitan, ak konseye Creating Jobs Inc yo Manny De La Vega
sou bò dwat li ak Evan Keller sou bò goch li

Petèt avantaj ou se paske lokal ou tou pre kliyan ou yo. Petèt yon zanmi oswa yon moun nan fanmi an ap ofri ou yon kote gratis san ou pap peye lwaye pou yon kantite tan. Petèt ou gen konpetans ki siperyè, pi bon pwosesis, yon fòmil sekrè, yon kominikasyon ki plis pwofesyonèl, oswa yon sèvis kliyan ki plis atantif.

? *Poze* tèt ou keksyon (chèche avantaj ki fè ou diferan):

Ki avantaj mwen genyen sou konpetitè mwen yo?

_____

_____

Kijan mwen ka itilize yo pou m konstwi antrepriz mwen an epi fè kliyan mwen yo plezi?

_____

_____

Medite sou vèsè Labib sa yo (Chèche avantaj ki fè ou diferan):

Li pote anpil benediksyon lè ou fè sa ou pi bon ladann nan pou sèvi lòt moun. 1 Pyè 4:10 *(NIV):* *"Chak moun dwe pran kado Bondye ba yo a pou yo rann lòt yo sèvis. Konsa, tankou bon jeran, n'a pran kado Bondye yo, ki divès kalite, n'a fè yo travay."*

Yon jeran fidèl fè talan Bondye yo travay pou li kreye plis valè. Matye 25:20-21 (NIV): *"Domestik ki te resevwa senk mil goud la pwoche, li pote senkmil goud benefis la ba li, li di: Mèt, ou te ban mwen senk mil goud. Men senk mil goud benefis mwen fè.'*

"Mèt la di l': Sa se bèl bagay. Ou se yon bon domestik ki travay byen. Paske ou fè ti travay sa a byen, m'ap mete ou reskonsab pi gwo zafè toujou. vin fè fèt avèk mèt ou!'"

Leson 2C: Chèche wè si kliyan yo ta vle peye pou solisyon ou chwazi a

Follow expert advice (Chèche wè si kliyan yo ta vle peye pou solisyon ou chwazi a):

Anvan ou depanse anpil tan ak lajan pou devlope pwodwi ou a, mande kèk *santèn* moun ki solisyon posib yo ta prefere ak konbyen yo ta vle peye pou sa. Li pa sifi pou yo sèlman renmen lide ou yo; yo dwe vle achte yo nan yon pri ou kapab ofri ki ap ba ou benefis *nan plas* sa ki aktyèlman disponib la. 42% nan nouvo biznis echwe paske pa gen ase demann pou solisyon yo ofri a. Dapre *Magazin Fortune*, sa a se *pi gwo* rezon ki fè nouvo biznis yo echwe! (Griffith, 2016)

Kijan ou diferan?

Poze tèt ou keksyon (Chèche wè si kliyan yo ta vle peye pou solisyon ou chwazi a):

Ki solisyon moun yo vle reyèlman— sa mwen pwopoze a oswa youn ki disponib deja?

69

Èske gen ase moun ki vle reyèlman sa mwen ofri a?

_____

_____

Si yo renmen ide mwen an, konbyen yo vle peye pou li?

_____

_____

Èske mwen ka pwodwi li pou 20 a 50% pi piti ke sa?

_____

_____

Poukisa to ta achte nan men mwen?

_____

_____

Konbyen kliyan potansyèl ki di yo ta achte nan men mwen nan yon pri ki rantab?

_____

_____

Medite sou vèsè Labib sa yo(Chèche wè si kliyan yo ta vle peye pou solisyon ou chwazi a):

Sa lakay moun menm pou yo egzajere valè travay ou ak lide ou yo. Rom 12:3 (NIV): *" Poutèt favè Bondye fè m' lan, men sa m'ap mande nou tout: Piga nou mete nan tèt nou nou plis pase sa nou ye. Okontrè, pa mete gwo lide nan tèt nou. Se pou chak moun konsidere tèt li dapre sa Bondye ba li ki pa l' nan lafwa. "*

Leson 2D: Fè konsepsyon solisyon ou an ak opinyon kliyan ou yo

Swiv konsèy ekspè yo (Fè konsepsyon solisyon ou an ak opinyon kliyan ou yo):

Panse epi travay lajounen tankou lannwit pou fè pwodwi ou an enkwayab. Men pa kenbe li sekrè jiskaske ou panse ke li pafè paske sa ou renmen pa toujou vle di se sa kliyan yo renmen tou. Pou rete an kontak ak sa ki enpòtan pou yo, montre plizyè nan yo li epi chèche jwenn fidbak yo chak fwa ou fè yon amelyorasyon oswa gen yon lide nouvo. Nan fason sa a kliyan ou yo gen pati pa yo nan konsepsyon pwodwi yo pral achte a. Ki moun ki pa vle yon bagay ki te fèt avèk yo nan lespri moun nan? Se poutèt sa nou te mande

71

jèn peyi Ondiras yo pou fidbak sou liv sa a anvan nou te kreye vèsyon final la. "Lè sa a, apre kliyan ou yo fin achte, epi itilize pwodwi a, Opinyon yo pral pi enpòtan pou ou toujou" (Lee Murray).

Si ou se yon gason, chèche jwenn ide yon fi, se menm bagay la tou pou yon fi. Ansanm, nou reflete imaj Bondye ki te di nou pou kreye ak dirije ansanm, kidonk li fè sans ke nou kreye pi bon pwodwi ak sèvis lè nou fòme yon ekip. Pou nou te montre egzanp la, nou te fè sa lè nou tap monte ekip otè yo pou ekri liv sa a pou ou.

? *Poze* tèt ou keksyon (Fè konsepsyon solisyon ou an ak opinyon kliyan ou yo):

Ki 10 moun ki ta kapab enterese ak pwodwi oswa sèvis map ofri a?

_____

_____

Èske yo ap vle ban mwen opinyon yo pandan map fè konsepsyon an?

_____

_____

Kilès moun ki pa menm sèks avèk mwen ki ka banm opinyon li sou pati ki pa klè nan konsepsyon pwodwi mwen an?

_____

_____

Medite **sou vèsè Labib sa a (Fè konsepsyon solisyon ou an ak opinyon kliyan yo):**

Lè ou envite moun ki ap itilize pwodwi yo bay opinyon yo, se pi bon fason pou evalye pwodwi yo. Pwovèb 15:22 (NIV): *"Lè ou pa pran konsèy, plan travay ou p'ap mache. Lè ou pran konsèy nan men anpil moun, ou mèt sèten travay ou ap mache byen."*

Leson 2E: Kreye solisyon ou an avèk efikasite

Swiv **konsèy ekspè yo (Kreye solisyon ou an avèk efikasite):**

Toutjou travay pou bay yon pwodwi ou oswa sèvis ki gaspiye mwens tan ak materyèl. Gaspiyaj nan pwodiksyon se yon bagay ki

73

ka fè ou soti rapid nan biznis, paske ni ou ni kliyan pap vle peye pou dechè: ou pa pral fè benefis ak yon pri ki ba, epitou ou pral pèdi kliyan ak yon pri ki twò wo. Yon bon biznis kreye valè - li fè anpil ak yon ti kras. Sa a se yon refleksyon ki piti men ki jwenn sans li nan Bondye Kreyatè a ki kapab pou kont li kreye san prèske anyen menm. Ou konbine bagay li te kreye ak lide ou ak efò ou (ki se kado ki soti nan li tou) pou fè yon bagay ki nouvo. Gade yon privilèj! Si ou ka jwenn fason pou fè plis bagay ak mwens bagay, ou pral fè plis lajan epi ou ka ofri kliyan ou yo yon pri ki konpetitif. Tout moun kontan! Se konsa biznis ta dwe ye - chak tranzaksyon yo bon bagay pou tou de pati yo.

? **Poze tèt ou keksyon (Kreye solisyon ou an avèk efikasite):**

Ki kalite gaspiyaj ki ap ogmante pri pou mwen fabrike pwodui mwen an?

_____

_____

Kijan mwen kapab redwi sou gaspiyaj sa?

_____

_____

Èske mwen kapab fabrike pwodwi mwen nan yon fason ki efikas ase pou mwen vann li menm pri ak pwodwi konpetitè m'

_____

_____

Oswa èske solisyon mwen yo tèlman siperyè ke kliyan yo ap vle peye plis pou yo?

_____

_____

Ki engredyan kle ki kreye valè pou kliyan mwen yo?

_____

_____

Medite sou vèsè Labib sa a(Kreye solisyon ou an avèk efikasite):

Sa pote plis pou efò ou yo lè ou travay ak entèlijans. Eklezyas 10:10 (ESV): *"Si dan rach ou pa koupe, si ou pa file l', ou gen pou travay pi rèd lè ou ap sèvi avè l'. Men bon konprann ap fè ou reyisi nan sa ou ap fè."*

Leson 2F: Pote amelyorasyon ak itilizasyon sistèm yo

Swiv konsèy ekspè yo (Pote amelyorasyon ak itilizasyon sistèm yo):

Pandan ou jwenn fason efikas pou kreye pwodwi ak sèvis ou yo, ekri etap yo yo nan lòd yo rive a, se yon fason pou ou menm ak anplwaye ou yo ka fè li pi ekselans chak fwa. Lè ou ekri sistèm yo sa ede anplwaye yo fè bagay yo nan fason pa ou an, se poutèt sa ou dwe ba yo fòmasyon epi pran fidbak yo pou mete sistèm ou ajou omwen de fwa nan ane a. Bon sistèm kapab fè anviwonman travay gen plis lòd epi san danje. Si anplwaye ou yo itilize sistèm ou yo pou fabrike pwodwi ou yo, kliyan yo ap deja apresye epi prevwa ki kalite pwodwi yo pral resevwa. Lè yo konnen pwodwi ou yo pral gen bon jan kalite toutan, yo ap fè ou konfyans epi sa ap fè yo toujou tounen. Sistèm pou pwodwi solisyon ou a ka gen ladan: resèt, enstriksyon pou asanblaj, pwosedi sekirite, kalandriye pou acha yo ak pwodiksyon yo, pwosesis kontwòl kalite yo, ak etap pou anbakeman.

Poze tèt ou keksyon (Pote amelyorasyon ak itilizasyon sistèm yo):

Ki pi bon etap/demach pou mwen fabrike pwodwi mwen an?

_____

_____

Ki sistèm ki pral ranfòse lòd, efikasite, ak sekirite?

_____

_____

Kijan pou mwen kominike ak fòme anplwaye mwen yo pou yo sèvi ak sistèm pwodiksyon mwen an?

_____

_____

Chak kilè map mete sistèm pwodiksyon mwen ajou ak fidbak anplwaye yo?

_____

_____

Èske kliyan mwen yo toujou jwenn kalite pwodwi yo rete menm jan?

_____

_____

Medite sou vèsè Labib sa a (Pote amelyorasyon ak itilizasyon sistèm yo):

Bondye vle tout bagay fèt nan lòd. 1 Korint 14:33 (NIV): *"Paske, Bondye pa rele nou pou nou viv nan fè dezòd, men li rele nou pou nou viv ak kè poze. Tankou sa fèt nan tout legliz pèp Bondye a. "*

Leson 2G: Kreye idantite biznis ou pou ka pataje solisyon ou an:

Swiv konsèy ekspè yo (Kreye idantite biznis ou pou pataje solisyon ou an):

Kounye a ou konnen kisa kliyan ou yo vle, chwazi yon non pou biznis la, yon eslogan ak yon logo ki montre klè solisyon ou pote a pou yo a. ak yon senp kout je sou logo a, moun ta dwe kapab di kisa ou ka fè pou ede yo. Fè li sou yo, e pa sou ou. Se poutèt sa ou dwe bay biznis ou yon non ki mache ak solisyon an, se pa ak tèt ou! Chwazi yon eslogan ki pa parèt komik paske moun vle fè biznis ak pwofesyonèl, se pa ak komedyen. Fè li kout epi kite li eksprime avantaj ke se sèl ou ki bay li. Fè logo a pou li lizib menm lè li tou piti ak yon vitès ki rapid. Kenbe grafik yo senp pou yo kapab byen voye mesaj la nan yon sèl kout je. Logo ou a pa ka di tout bagay sou antrepriz la, li sèlman bay yon bon premye. "Antreprenè yo eseye di twòp bagay ak logo yo, sa vin fè yo fini pa di anyen menm Paske yo pa rive kapte epi atire atansyon." (Keller, 2015, p.73) "Si ou di twa bagay, ou pa di anyen." (Heath & Heath, 2008, p.33)

? *Poze* tèt ou keksyon (Kreye idantite biznis ou pou pataje solisyon ou an):

Ki non biznis ki ap kominike pi byen solisyon mwen an, li ka youn, de oswa twa mo, fòk li etone

_____

_____

Ki eslogan ki ap tradwi ide solisyon mwen an nan yon sèl fraz ki pa

_____

_____

Ki estil ekriti ak grafik logo ki ap bay yon pi bon apèsi de biznis mwen an?

 *Medite* sou vèsè Labib sa (Kreye idantite biznis ou pou pataje solisyon ou an):

Ou mete kliyan yo an premye lè ou abòde bezwen yo nan imaj biznis la.Filip 2:3-4 (NIV): *"Pa fè anyen nan lide pou fè tèt nou pase pou pi bon, ni pou fè lwanj tèt nou. Men, soumèt nou devan Bondye. Mete nan tèt nou lòt yo pi bon pase nou. Piga pesonn chache enterè pa l' ase. Se pou l' chache sa ki bon pou lòt yo tou.."*

 Obsève jèn yo ki swiv konsèy:

Alejandro reponn "Oke Maria, ou gen rezon sou pwen sa!". " ou konn kijan pou fè bon krèp! Annou poze zanmi nou yo lòt pi bon keksyon. Nou vrèman bezwen reyisi pou nou ka jwenn repons yo."

Maria te dekouraje nan pèdi de jou ap mande moun kijan pou li fè krèp – yon bagay li te deja konnen kijan pou li fè l'! "mwen pa konnen. Tankou kisa?" li te di.

Alejandro te reflechi pandan yon minit epi li di. " Poukisa nou pa mande zanmi nou yo *kilè* yo achte krèp ak *poukisa* yo achte krèp?" Maria te reponn, "Men mwen panse ke se jis yon manje. Ou ka pran li nan manje maten, midi ak aswè. Epi kisa? Kijan sa pral ede nou la?"

Yo tou de te rete chita an silans, yo tap reflechi sou jan pou fè yon bagay ki pi bon pase plis ke mil boulanje ki ap fè krèp ki nan vil yo a. Li ta sanble ke yo pran tout bon lide yo deja.

Finalman Maria te di, "Oke Alejandro, mwen gen yon ide. Annou mande moun yo pito kijan *boulanje krèp yo ap reve* a ta dwe ye. Sa ki tap pi bon nan tout tan. Sa yo tap pi renmen an. Mwen pa vle fè yon santèn nan menm kalite krèp yo ki nwizib epi bon mache, ki kòmanse depi solèy la leve jiskaske do m' fè mwen mal. Mwen vle fè yon bagay ki nouvo epi ki ekstraòdinè."

Alejandro rele, "Wi se sa!"."Si nou dekouvri kisa moun yo ta renmen jwenn nan yon boulanje krèp, men yo pa kapab, Lè sa a, nou ka sèl biznis nan vil la ki konsa! Tout moun pral pale de nouvo lide nou yo ak gou nou yo. Nou pral fè yon gwo siksè! An nou eseye sa!"

 *Evite* senk gwo erè sa yo:

1. Lè ou panse tout moun pral bezwen pwodwi oswa sèvis ou a ase pou yo peye pou li.
2. Lè ou kwè pwodwi ou a siperyè pase anpil lòt san ou pa menm gen prèv ase pou montre sa.
3. Lè ou chwazi yon non biznis ki pa kominike solisyon ou ap ofri, oswa ou ba li yon ki soti nan non pa ou.

4. Lè ou fè yon logo ki gen twòp detay, li vin gen mwen enpak vizyèl.
5. Lè ou vini ak yon eslogan ki bèl olie ke li pwofesyonèl.

Devlope senk bon abitid sa yo:

1. Olye pou ou rete an kachèt pou eseye fè yon pwodwi vin pi bon, pito ou chèche jwenn opinyon/fidbak kliyan pandan tout pwosesis fabrikasyon pwodwi.
2. Toujou travay pou amelyore pwodwi ou yo.
3. Divize pwosesis ou yo nan plizyè etap epi ekri yo.
4. Amelyore pwosesis ou yo kat fwa nan ane a.
5. Toujou chèche epi elimine tout gaspiyaj.

Swiv vrè egzanp lavi jèn Ondiras sa:

Menm si li byen janti, Saul Contreras pral gade ou fiks nan je se tankou li te ka wè nanm ou! Li konsakre tan li ak madanm li ak de pitit gason, legliz li ak ministè biznis li ke li ap dirije. Saul serye anpil sou koze pou li toujou ap analize epi amelyore biznis li. Li aplike detèminasyon sa pou li jwenn yon Yon bezwen reyèl epi devlope yon solisyon ke moun ap vle peye ou li. Sa se istwa li nan mo pa li jan li te rakonte l' bay Odile Perez.

Saul ak madanm li

Saul Contreras: *" Mwen te vini ak lide pou mete konpayi mwen an sou pye lè mwen te wè yon bezwen ki pa te satisfè. Lè sa a mwen te konn ale souvan vizite yon konpayi plonbri ansyen bòpè mwen te genyen epi mwen te remake ke anpil nan kliyan li yo te konn ap rele pou mande sèvis netwayaj ak tretman pou tank yo bwè dlo yo. Men, konpayi li an pa te gen kapasite pou rezoud pwoblèm sa a.*

Pou mwen te kapab plis eksplore pwoblèm sa a, mwen te kòmanse etidye mache a epi mwen te jwenn ke te gen yon sèl konpayi ki ofri sèvis sa a epi pi fò nan demann yo te soti nan moun ki nan klas mwayèn ki pi wo yo. Pou mwen te kapab pi klè sou bezwen an, ak pèmisyon ansyen bòpè mwen an, mwen kontakte plizyè santèn nan kliyan li yo pou mwen te kapab defini bezwen yo. Apati repons yo, mwen te devlope yon solisyon ki ap pote yon sèvis pwofesyonèl epi ki bati sou konfyans. Nan lane 2001... Mwen te kòmanse yon biznis ki rele 'Ser Movil' pou ofri sèvis netwayaj, kontwòl ensèk nwizib ak tretman dlo yo

83

fin itilize.

Depi nan kòmansman an, mwen te detèmine pou mwen pote avantaj ki diferan pou kliyan mwen yo. Nan lide pou nou te mete tèt nou apa sou mache a, nou itilize ekipman modèn, detèjan biyodegradab ak pwodwi ki pa reprezante danje pou anviwònman an. Lè nou ofri bon jan kalite pwodwi ak anplwaye pwofesyonèl ki pote inifòm, nou te rive fè gwo diferans devan tout lòt konpayi yo, epi kreye plas nou sou mache an. Pou kenbe avantaj konpetitif nou, nou toujou ap amelyore sistèm nou yo epi mennen ti ankèt bò kote kliyan yo pou nou asire satisfaksyon yo. Sa a pèmèt nou kontinye grandi pa sèlman nan Tegucigalpa, men tou nan lòt vil yo, li fè nou achte yon nouvo lokal ki pi gwo, achte nouvo machin travay ak anplwaye plis moun.

Pandan ke mwen ap grandi nan relasyon mwen ak Bondye, mwen reyalize ke li gen sousi pou jan nou pran swen Latè li te konfye nou an. Lè mwen bay pwodui ki pa yon danje pou anviwònman ak kliyan mwen yo, Bondye kontan e mwen se yon jeran fidèl pou li. Pou nou fè kliyan yo pi byen konprann kilès nou ye ak sa nou ofri, nou te chanje non biznis nou an nan lanne 2017 soti nan 'Ser Movil' pou ale nan 'Eco-Solutions'(Solisyon Ekolojik). Objektif nou se pou nou kontinye idantifye bezwen anviwònman an epi ofri solisyon ki pou fè kliyan yo toujou tounen lakay nou. "

Olye pou li te kòmanse ak yon pastan li te renmen, Saul te gade an premye kisa lòt moun te vle menki pa te disponib kounye a. Sa a se kalite yon vrè antreprenè. Li te chache opinyon/fidbak kliyan yo nan fè konsepsyon ak amelyorasyon sèvis li yo. Saul te dekouvri sa moun pa te ka jwenn nan men konpetitè li pou li kreye yon avantaj ke sèl konpayi a ofri. Nou ka remake ke Saul tèlman konsantre l' sou satisfaksyon bezwen kliyan yo ke menm non biznis li gen ladann mo "solisyon yo" menm jan ak kalite solisyon yo ("ekolojik") ke kliyan li yo vle a tou.!

Travay ak gwoup ou:

Apre li te fin aprann fè soulye nan men pi bon kòdonye nan zòn nan, Lily Flores ap kòmanse yon biznis pou fè soulye pou abitan yo ki rete nan katye Flor del Campo. Se yon katye ki pa genyen twòp gwo rantre ekonomik kote moun yo vle achte soulye dènye modèl nan yon pri abòdab. Katye a konstwi sou yon ti mòn apik sou tèt yon rivyè ak yon pon ki long. Kisa ki se yon bon non ak eslogan pou biznis li a? Ekri twa pi bon ide gwoup la pou chak, apre sa a fè yon vòt pou chwazi sa ki pi bon an. Kijan non ak eslogan ou chwazi a swiv pati konsèy ekspè yo sou: "Kreye idantite biznis ou pou pataje solisyon ou an."

Gid pou pwofesè a: Tanpri chèche abitye tèt ou ak seksyon konsèy ekspè yo ki pi wo a ki mete aksan sou kijan pou nou chwazi yon non biznis ki plis baze sou kliyan yo pase antreprenè a. Li konseye ou chwazi yon eslogan ki montre avantaj inik antrepriz la nan yon fason pwofesyonèl.

Aplike modil sa ak:

PRIYÈ — Mande bondye pou li montre mwen ki pwoblèm li vle mwen rezoud epi chèche kreyativite li pandan map fè sa.

RECHÈCH — Chèche aprann plis sou pwoblèm moun yo genyen.

KREYATIVITE – Ekri twa pwoblèm ki enterese mwen ak senk

solisyon ki posib pou chak. Ekri yon sistèm ki montre chak grenn etap pou mwen fabrike pwodwi mwen an. Ekri senk non biznis, senk eslogan ak senk konsepsyon logo.

AKSYON — Rankontre ak zanmi ou ki entere nan biznis pou base lide sou solisyon ki posib yo.

KLIYAN YO — Mande kliyan potansyèl mwen yo si yo renmen solisyon mwen an epi konbyen kòb yo ap vle peye pou li. Chèche opinyon yo sou fabrikasyon pwodwi a.

KONSEYE YO – Mande yo pou yo onèt ak ou lè yo ap bay opinyon yo sou konbyen moun ki pral vle solisyon mwen ase pou peye bon ti kòb pou li.

LAJAN — Ekri chak acha mwen fè semèn sa, ki pwoblèm yo chak rezoud, epi kisa ki fè solisyon sa a pi bon pase lòt ki disponib yo.

TAN — Rezève yo ti tan pou reflechi epi ekri solisyon ki posib yo. Rezève tan pou mande kliyan yo opinyon yo sou solisyon ki posib yo.

Pratike valè yo:

Entegrite — Lè ou ap viv selon eslogan ou an chak jou, ou se sa ou di ke ou ye a. Sa fè kliyan yo vin fè ou konfyans.

Ekselans — Lè ou itilize sistèm, sa ede ou fè pwodwi yo ak menm nivo kalite a chak fwa. Tou de abitid sa yo ede ou amelyore pi plis chak jou, sa ki se yon pati nan sanble ak pèfeksyon Bondye.

Jesyon — Paske kreyasyon Bondye a bon, ou pa ta dwe gaspiye li.

Ou onore Bondye lè ou mete ansanm konpetans, tan, ak zouti li te ba ou yo pou kreye yon solisyon ki itil. Ou ap imite Bondye lè ou fè bagay li te kreye yo bay tout kapasite yo.

Diyite — Lè ou respekte bezwen kliyan ou yo, ou onore diyite Bondye ba yo. Epi lè ou ofri yon avantaj ki direfan/inik ak pwochen ou yo, ou montre ke Bondye te fè ou tankou yon moun ki espesyal.

Evalye biznis ti jèn nan:

Revize nòt ou sou modil sa. Tankou yon antrenè pwofesyonèl biznis, imajine ou chita ak Alejandro epi Maria pou ba yo opinyon/fidbak ou sou premye rechèch yo te fè yo.

- Kijan ou te ka ankouraje yo?
- Ki keksyon ou te ka poze yo?
- Ki ide ou tap rekòmande yo pou yo eseye?

Konklizyon:

Ala kè kontan pou ou fè pati repons Bondye ak lapriyè pou pen chak jou a! Nan ou menm, Li bay moun pwodwi, sèvis, ak travay ki ede yo fè pwogrè. Lè ou imite Kreyatè ou an nan rezoud pwoblèm epi kreye yon nouvo bagay, sa a bèl epi li itil anpil.

Itilize *Start*Book Plan a:

Kounye a ou fini ak modil sa, tanpri ranpli Plan Liv Pou Demare pa ou la ki nan lòt paj la. Reflechi sou sa ou sot aprann yo epi chwazi objektif ki pi enpòtan pou ou pou aplike modil sa nan biznis ou pandan 12 mwa ki ap vini yo. Ekri objektif ou, twa aksyon pou reyalize l' ak dat pou pou rive fè chak grenn. Toujou gade Plan Liv Pou Demare a tankou yon zouti pou w devlope biznis ou.

*Start*Book Plan

²· **Solisyon**

Apèsi Modil la: Pote yon sèl solisyon ki reponn ak yon pwoblèm reyèl, kite opinyon kliyan yo fasone pwodwi ou an oswa sèvis la. Konstwi idantite biznis ou an sou solisyon sa epi devlope sistèm pou fabrike pwodwi ou an san danje epi nan yon fason ki efikas.

Objektif #1 "Solisyon" pou 12 mwa ki ap vini yo:

3 pi gwo etap mwen pral fè pou mwen rive nan objektif la:

1.

Dat pou fini aksyon an: _____ Dat pou fini aksyon an:_____ Dat reyèl li fini an: _____

2.

Dat pou fini aksyon an: _____ Dat pou fini aksyon an:_____ Dat reyèl li fini an: _____

3.

Dat pou fini aksyon an: _____ Dat pou fini aksyon an:_____ Dat reyèl li fini an: _____

3. Moun Yo

Apèsi modil la: Apresye epi aprann de gwoup moun sa yo ki enpòtan anpil pou siksè ou. Bati yon relas- yon konfyans bò kote nou tou de.

Modil 3: MOUN YO

An nou konsidere Apèsi modil la: Apresye epi aprann de gwoup moun sa yo ki enpòtan anpil pou siksè ou. Bati yon relasyon konfyans bò kote nou tou de.

Obsève jèn yo ki bezwen konsèy:

Sa pa te pran anpil pou Alejandro pèdi sanfwa li. Pandan li te ap pale ak Maria, li te leve nan plas li e li te kòmanse ap vire tounen nan sal la tou fache. "Mwen pa ka kwè sa! Nou te vini ak lide pou nou te kreye boulanje krèp tout moun ta renmen an, nou te ale poze tout moun kesyon sou sa, men nou poko menm louvri biznis la, yon moun gen tan vòlè ide nou yo! Kounye a boulanje krèp ki anfas lekòl nou an gen krèp tout moun 'ap reve' a pou vann !"

Maria te rete an silans. Li te fache tou, men li pa te wè rezon pou pale fò pou sa. "Alejandro, sa pa bon ditou non. Petèt nou bezwen yon lòt gwo lide. Mwen pa konn kisa pou m' fè, men rele sou mi yo pap rezoud pwoblèm nan."

Alejandro fè yon ti rale souf li. "Maria, oke, oke, oke... oke. An nou priye. Apre sa an nou reflechi sou kisa pou nou fè!"

Leson 3A: *Trete* moun dapre diyite Bondye ba yo

 *Swiv* konsèy ekspè yo (Trete moun dapre diyite Bondye ba yo):

Paske Bondye te kreye moun nan pwòp imaj li, yo enpòtan pou Bondye pase tout lòt bagay. Se Bondye ki defini reyalite nou, nou menm tou nou dwe bay moun anpil valè epi trete yo nan fason ki onore diyite Bondye ba yo. Fòk nou pran swen yo olye nou jis pran sa yo ka ofri nou. Respekte tan yo, responsablite fanmi yo, ak travay yo - menm si yo gen yon wòl ki pa mande anpil konpetans. Ou dwe jis nan relasyon finansye ou avèk yo. Paske jan ou jere lajan montre kijan kè ou ye, dirije kè ou pou renmen bay. Sonje ke Jezi te rezime tout lalwa Bondye a nan yon sèl kòmandman ki se renmen Bondye ak renmen frè parèy ou (Mak 12:31). Li te anseye epi li montre nou ke premye fason pou renmen Bondye *se nan renmen* frè parèy nou.

 *Poze* tèt ou keksyon (Tetre moun dapre diyite Bondye ba yo):

Kijan pou mwen wè moun yo nan fason ki diferan pase jan Bondye wè yo?

_____

_____

K i moun mwen trete plis tankou yon machin pase yon moun?

_____

_____

Kilès mwen pral mande pou padone mwen?

_____

_____

Kijan mwen ka pi byen montre lanmou mwen pou lòt yo ak tan mwen, lajan epi pawòl mwen yo?

_____

_____

Medite sou vèsè Labib sa yo (Trete moun dapre diyite Bondye ba yo):

Lè ou mete tèt ou nan plas lòt moun, sa kreye bon jan relasyon piu nou tou de. Matye 7:12(NIV): _"Tou sa nou vle lòt moun fè pou nou, nou menm tou fè l' pou yo. Se sa lalwa Moyiz la ak liv pwofèt yo mande nou fè. "_

Tout gwo prensip Jezi yo pou yon relasyon aplike pou biznis ou an. Mak 12:31 (NIV): _"Se pou ou renmen frè parèy ou tankou ou renmen pwòp tèt pa ou. Pa gen lòt kòmandman ki pi konsekan pase sa a."_
Kwa a ogmante diyite tout moun ou rankontre.

2 Korint 5:14 (NIV): *"Paske, se kalite renmen Kris la gen pou nou an k'ap dirije m': mwen gen konviksyon sa a, si yon sèl moun te mouri pou tout lòt yo, sa vle di tout lòt yo mouri ansanm avè li. "*

Lè ou konnen Bondye, sa ap motive ou pou jis avèk anplwaye ou yo epi plede kòz sa ki pi fèb yo. Jeremi 22:13-16 (NIV): "Madichon pou moun k'ap bati gwo kay avèk lajan lenjistis, k'ap mete chanmòt sou kay yo ak lajan yo fè nan move kondisyon. Y'ap fè jwif parèy yo travay gratis pou yo, yo pa peye yo lajan yo. Madichon pou moun k'ap plede di: mwen pral bati yon gwo kay ak chanm byen laj nan chanmòt yo. Yo mete fennèt nan kay yo, yo palisade yo ak bwa sèd, yo pentire yo tou wouj. Eske ou ap yon pi bon wa paske ou bati kay ou ak bwa sèd pou li pi bèl pase pa lòt moun?

Papa ou te manje, li te bwè tankou tout moun. Men, li te fè sa ki dwat, li pa t' fè lenjistis. Tout zafè l' te mache byen. Li te defann kòz pòv malere yo. Tout bagay te mache byen pou li. Se sa ki rele konnen Seyè a.

Leson 3B: Chèche pi bon founisè yo

Swiv konsèy ekspè yo (Chèche pi bon founisè yo):

Si ou fè pen, ou pral bezwen achte farin ak ledven. Anvan ou achte nan men yon moun, mande lòt achtè sou eksperyans yo ak moun sa a, apre sa fè yon ti pale ak moun sa a pou kont ou. Kòmanse ak yon ti kòmand pou wè si ou ka fè yo konfyans, pandan ou ap tou fè sa ou te di ou pral fè a. Lè ou chèche jwenn konfyans yo, ou pwouve ke ou se yon kliyan ki pap pran gwo ris. Se poutèt sa, yo ka negosye pi bon kondisyon pou ou achte (kredi, kantite tan, ak pri). Toujou genyen de founisè diferan pou chak kalite materyèl ou achte. Fè sa ki pi bon an tounen founisè prensipal ou a, epi achte mwens nan men dezyèm founisè a. Sa ap fè yo rete onèt avèk ou epi pèmèt yo fè konpetisyon antre yo pou biznis ou an. Si founisè prensipal ledven ou an anreta sou livrezon yo oswa ogmante pri li twòp san yon bon rezon, fè lòt founisè a tounen founisè prensipal ou.

Poze tèt ou keksyon (Chèche pi bon founisè yo):

Kisa mwen ap bezwen achte pou fabrike pwodwi mwen yo epi fè yo rive jwenn kliyan mwen yo?

_____

_____

Nan men ki founisè mwen pral achte materyèl sa yo?

_____

_____

Èske yo onèt, jis, ka fè yo konfyans, fasil pou jwenn?

_____

_____

Èske yo vann pwodwi bon jan kalite?

_____

_____

Kijan mwen pral chwazi yon founisè prensipal pami 2 moun ki ap founi menm materyèl yo?

_____

_____

Ki aksyon mwen dwe fè pou mwen jwenn konfyans yo?

_____

_____

Lè mwen jwenn konfyans yo, èske mwen pral mande kredi, yon pi bon pri, oswa livrezon pi rapid?

_____

_____

 *Medite* sou vèsè Labib sa a(Chèche pi bon founisè yo):

Chèche jwenn plis pase yon sèl founisè pou si youn nan yo pa ta bon. Eklezyas 11:1-2 (NIV): *"Fè byen san gad dèyè. Yon lè konsa, ou a jwenn rekonpans ou. Separe sa ou genyen ak mezi moun ou kapab, paske ou pa janm konnen ki malè ki ka rive ou sou latè."*

Leson 3C: Respekte konpetitè ou yo epi aprann de yo:

Swiv konsèy ekspè yo (Respekte konpetitè ou yo epi aprann de yo):

Chèche konnen kilès ki pi bon an nan sektè aktivite pa ou la epi aprann de yo. Pafwa ou pral obsève yo byen lwen, men nan kèk ka tou ou pral kapab bati yon relasyon zanmitay avèk yo. Ou ka vle imite pi bon ide yo genyen yo, men si ou kopye yo twòp ou pral pèdi sa ki fè ou diferan!

Prand angajman pou ou pa janm pale yo mal ak kliyan ou yo; konsantre ou pito sou ki jan ou "fè diferans la" epi kite yo jije lòt moun pou kont yo. Kliyan yo pral respekte ou paske ou pa na mòde lang epi ou ka bezwen yon favè nan men yon konkiran yon jou!

Sa rive souvan pou moun ki ap fè biznis plenyen pou twòp konpetitè, men tou gen rezon pou yo rekonesan paske sa montre ou ke genyen anpil demann pou solisyon ou ap ofri a - Sa a se yon bon nouvèl! Epitou, sa fè ou toujou ap travay pou ou pi ekselan epi rive jwenn plis kliyan. Si ou bay pwodwi bon jan kalite epi repitasyon ou vin fè yo fè ou konfyans, biznis ou a ap grandi kèlkeswa konpetisyon ki te genyen an.

Lè konpetitè yo (kliyan yo oswa founisè yo) maltrete ou, se yon okazyon pou montre lafwa ou nan Jezi ki di nou konsa pou nou renmen tout lènmi nou yo et lapriyè pou tout moun ki ap pèsekite nou (Matye 5:44).

Poze tèt ou keksyon (Respekte konpetitè ou yo epi aprann de yo):

Kilès ki pi gwo konpetitè mwen yo?

_____

_____

Ki fòs ak feblès yo genyen?

_____

_____

Kijan mwen ka depase sa lòt yo ofri?

_____

_____

Kisa mwen dwe chanje nan panse ak pale mwen sou yo?

_____

Èske onètman mwen ka remèsye Bondye pou konpetitè mwen yo epi swete byen pou yo?

_____

_____

Ki byen mwen ka fè ak yon konpetitè ki fè mwen mal?

_____

_____

Medite sou vèsè Labib sa yo (Respekte konpetitè yo epi aprann de yo):

Menm si yo fè ou mal, chèche genyen yon relasyon ki pozitif ak konpetitè ou yo. Rom 12:17-19 (NIV): *"Si yon moun fè nou mal, pa chèche fè l' mal tou. Chèche fè sa ki byen nan je tout moun. Fè tou sa nou kapab pou nou viv byen ak tout moun mezi nou wè nou ka fè li. Mezanmi, pa tire revanj. Men, kite kòlè Bondye fè travay li; paske men sa ki ekri nan Liv la: Se mwen menm sèl ki gen dwa tire rèvanj, se mwen menm sèl ki va bay moun sa yo merite," Se Bondye menm ki di sa."*

Mechan yo pa gen pouvwa pou anpil tan sou ou. Pwovèb 24:19-20 (NIV): *"Pa kite moun k'ap fè sa ki mal fè ou pèdi tèt ou. Pa anvye sò* *mechan yo, Paske mechan yo pa pral lwen. Lavi yo tankou yon lanp k'ap mouri.* "

Leson 3D: Chèche jwenn moun ki pou sipòte ou

Swiv konsèy ekspè yo (Chèche jwenn moun ki pou sipòte ou):

Bati relasyon ak plizyè lòt antreprenè ki ka ofri youn ak lòt sipò yo ak kontak yo. Chèche espesyalman moun ki nan menm sektè aktivite avèk ou, men li pa bezwen egzakteman yo menm. Moun sa yo kapab twouve yo nan sant Compassion International ou a oswa nan yon rezo gwoup moun. Founisè yo kapab bon moun pou bay epi resevwa sipò. Mete yon biznis sou pye se yon bagay difisil ke pifò moun ki gen yon travay regilye pa konprann, se poutèt sa lè ou jwenn lòt moun ki pataje jwa ou ak defi yo pral yon kado Bondye.

Poze tèt ou keksyon (Chèche jwenn moun ki pou sipòte ou):

Kilès ki ap fè biznis ki nan menm nivo ak mwen?

_____

_____

Èske mwen fè yo konfyans epi mwen santi gen yon koneksyon
pèsonèl ant mwen menm ak yo ?

_____

_____

Kijan mwen kapab gen entansyon bati yon relasyon pou youn
sipòte lòt ak moun sa yo?

_____

_____

 **Medite sou vèsè Labib sa yo (Chèche
jwenn moun ki pou sipòte ou):**

Sipò youn ak lòt se yon fason pu Bondye montre lanmou li pou ou ak nan ou. *Rom 12:15 (NIV): "Fè kè nou kontan ak moun ki kontan, kriye ak moun ki ap kriye. "*

Tout fado yo ki gen nan biznis pi lejè lè nou pataje yo.
Galasi 6:2 *(ESV):"Se pou nou youn ede lòt pote chay yo. Se konsa nou ap obeyi lalwa Kris la."*

Talan ou yo se pou sèvi lòt moun. *Rom 12:3-8 (NIV): "Poutèt favè Bondye fè m' lan, men sa m'ap mande nou tout: Piga nou mete nan tèt nou nou plis pase sa nou ye. Okontrè, pa mete gwo lide nan tèt nou. Se pou chak moun konsidere tèt li dapre sa Bondye ba li ki pa l' nan lafwa. Gade byen: nou gen anpil manm nan yon sèl kò, men chak manm gen sèvis pa l' apa. Se konsa tou, nou anpil, men nou fè yon sèl kò ansanm ak Kris la. Nou tout nou fè yon sèl kò tou yonn ak lòt, tankou plizyè manm nan yon sèl kò. Bondye pa bay tout moun menm don. Men, nou fèt pou nou sèvi ak kado a dapre favè Bondye fè nou an. Si yon moun resevwa don pou l' anonse mesaj ki sòti nan Bondye, se pou l' fè sa dapre lafwa li genyen an. Si yon lòt resevwa don pou l' fè yon travay, se pou l' fè travay la. Moun ki resevwa don pou l' moutre lòt anpil bagay, se sa pou l' fè. Moun ki resevwa don pou l' bay ankourajman, se pou li bay ankourajman. Moun k'ap bay nan sa li genyen an, se pou l' fè sa san gad dèyè. Moun k'ap dirije a, se pou l' fè sa byen. Moun k'ap moutre jan li gen kè sansib la, se pou li fè sa ak kè kontan. "*

Gason ak fi bezwen youn ak lòt. Jenèz 2:18 (NIV): *"Sa pa bon pou nonm lan rete pou kont li. M'ap fè yon lòt moun sanble avè l' pou ede l'."*

Leson 3E: Chèche konseye ki bon

konprann ak eksperyans

 *Swiv* konsèy ekspè yo (Chèche konseye ki gen bon konprann ak eksperyans):

Chèche konsèy ak ankourajman nan men paran ou, pastè, lidè Compassion yo, ak antreprenè ki reyisi nan jere biznis yo ak entegrite. Lè ou mande konsèy, gade pou wè si yo ba ou tan epi manifeste enterè nan ou. Nan premye reyinyon yo, ou dwe espesifik nan sa ou ap mande yo, tankou yon ti rankont pou yon èdtan fasafas chak twa mwa plis yon kout telefòn pafwa lè li nesesè. Pa atann twòp nan tan yo, men si yo pa gen okenn tan pou ou, chèche yon lòt moun ki pi disponib. Gade yo epi kopye sou yo. Mande yo kijan yo te fè lè yo rankontre menm difikilte ak opòtinite ou ap fè fas kounye a. Fòk ou rekonesan epi chèche ede yo jan ou kapab. Apre sa a, pataje sa ou aprann yo ak moun ou déjà fè yon pa oswa de pa anplis yo nan biznis.

 *Poze* tèt ou keksyon (Chèche konseye ki gen bon konprann ak eksperyans):

Ki antreprenè ki fè siksè mwen konnen epi mwen respekte?

105

_____

_____

Èske yon montre yon enterè nan mwen ak biznis mwen an?

_____

_____

Kilè epi kisa mwen ta dwe mande yo?

_____

_____

Kijan mwen ka di mèsi? Kilès mwen ka kòmanse konseye?

_____

_____

Medite sou vèsè Labib sa a (Chèche konseye ki gen bon konprann ak eksperyans):

Sajès/bon konprann moun ki gen plis eksperyans yo enpòtan anpil. Pwovèb 15:22 (NIV): *"Lè ou pa pran konsèy, plan travay ou p'ap mache. Lè ou pran konsèy nan men anpil moun, ou mèt sèten travay ou ap mache byen.”*

Leson 3F: Ou dwe pran tan anvan ou chwazi lòt patnè

Swiv konsèy ekspè yo (Ou dwe pran tan anvan ou chwazi lòt patnè):

Ou ka sèlman pran patnè ki gen menm pasyon pou biznis la epi moun ka fè konfyans, epi li dwe pote yon bagay ou pa kapab bay tèt ou. Si se pas sa, ou pral diminye pwofi ou epi ralanti ou lè ou ap pran desizyon yo. Ou ka sèlman pran yon lòt patnè si ou gen konfyans yo pral anpil akselere kwasans biznis ou anpil. Anvan ou pran yon angajman konplè, fè kèk ti pwojè ansanm ak yo wè si yo fè pwa nan balans la, epi si ou renmen travay avèk yo.

Se pou ou sonje ou kapab wè yo menm pi plis pase yon mari oswa yon madanm! Ou pa ta janm prese chwazi yon mari oswa yon madanm san ou pa soti avèk li anvan! Chèche aprann diferans ki genyen ant yon patnè pou travay ak yon envestisè. Si ou pran yon patnè oswa yon envestisè, fòk ou klè sou wòl ak aranjman finansye yo epi siyen yon akò patenarya avèk èd yon avoka. Toujou konsidere avantaj ki genyen lè biznis la grandi pi dousman avèk finansman pa li olye ke ou pran yon envestisè !

? *Poze* tèt ou keksyon (Ou dwe pran tan pou anvan ou chwazi lòt patnè):

Poukisa mwen bezwen yon patnè?

_____

_____

Ki konpetans patnè mwen an dwe genyen pou li ka konble feblès mwen yo?

_____

_____

Ki kandida ki disponib?

_____

_____

Kòman mwen kapab byen konnen yo epi fè yo konfyans?

_____

_____

Èske yo gen menm lanmou an pou biznis la?

_____

_____

Kisa biznis mwen an pral sanble nan 3 lanne avèk oswa san patnè?

_____

_____

Ki kalite peryòd esè ki ka montre nou si se yon bon ajisteman?

_____

_____

Ki wòl, pousantaj nan antrepriz la ak salè mwen ak patnè mwen yo pral genyen?

_____

_____

 *Medite* sou vèsè Labib sa a (Ou dwe pran tan anvan ou chwazi lòt patnè):

Se pou ou pran prekosyon lè ou ap angaje ou nan koze lajan ak lòt moun. Pwovèb 22:26 (ESV): "Pa pwomèt pou ou reskonsab dèt yon lòt moun fè."

Leson 3G: Chèche bon anplwaye pou ogmante kapasite biznis ou

Sekspè yowiv konsè (Chèche bon anplwaye pou ogmante kapasite biznis ou):

Pou ou imite ekselans Bondye a, ou dwe ofri bon jan kalite pwodwi ak sèvis. Sa a se trè difisil pou fè nan kòmansman an sòf si ou gen plizyè ane eksperyans nan sektè aktivite ou a. Men, yon anplwaye ki gen eksperyans ka konble lakin sa. Èske gen yon moun ki retrete ou konnen ki gen kèk nan konpetans ou manke yo? Petèt li te ka travay pou ou pou yon ti tan pou ede ou kòmanse.¬

Menm si ou gen kapasite pou lanse biznis ou pou kont ou, gade pou wè si ou vle kreye yon travay pou tèt ou sèlman oswa pou lòt moun tou. Chèche aprann sou lwa yo epi gade si ou ka kòmanse ak kontraktè yo. Toujou ap chèche moun ki gen talan, moun ki renmen travay di ou ka fè konfyans. Mande moun ou deja fè konfyans pou yo rekòmande ou yon moun yo konnen. Chèche nan yo karaktè, konpetans pou travay ak bon jan relasyon moun ak moun.

Nenpòt moun ou ta anboche, trete yo tankou pi gwo resous ou epi ede yo pou yo toujou ap aprann, grandi, epi ba yo defi. Lè anplwaye yo satisfè, yo ap fè kliyan yo satisfè tou, sa ki ap fè biznis la vin pi rantab.

Moun ki gen biznis toujou ap plenyen pou anplwaye yo. Mwen te gen plizyè douzèn anplwaye, yo vòlè zafè m', kraze ekipman mwen, pran dwòg, vini anreta nan travay la oswa yo pa vini ditou, yo bay manti, goumen youn ak lòt, fè neglijans ak kliyan, epi fè tout kalite erè. Gen kèk nan sa yo ou pa ka evite, men pi devan ou pral aprann konnen moun pi byen ak lè ou vin gen kèk bon moun, yo pral atire lòt bon moun. Se poutèt sa, ou dwe pran tan pou fè rekritman, men revoke moun byen vit. Yon zoranj pouri ka gate tout lòt yo nan yon panye. Bon anplwaye ou yo pral panse: "Si patwon nan travay la pa gen pwoblèm ak konpòtman sa a, poukisa mwen ta dwe fè pi byen mwen menm?" Epi yo ap rive fè oswa repare travay parese yo. Revokasyon pa janm dous, men li kapab yon benediksyon pi devan pou moun ki ale a paske sa ap montre yo ke se pa domèn pa yo a sa oswa yo bezwen devlope plis matirite. Lavi ou pap fasil ditou lè ou ap aprann fè fas ak estrès pwoblèm anplwaye ap bay.

Menm lè gen tout konplikasyon sa yo, kwasans biznis ou an limite anpil si ou pa gen okenn anplwaye pou pataje responsablite yo. Lè ou se yon antreprenè ki pou kont, li kapab yon bon bagay pou kèk moun, men pou pifò yo te jis kreye yon travay pou tèt yo ak jere tou pwoblèm ki genyen nan fè biznis. Yon fwa biznis ou genyen yon repitasyon tankou yon lidè nan sektè ou an, ou pral kòmanse atire pi bon moun. Kidonk, pwoblèm anplwaye yo ap vin pi fasil pou jere pi devan, espesyalman si ou trete yo byen.

Sa gen ladann pou defini aklè atant ak deskripsyon travay yo, bay opinyon yo enpòtans, ede yo devlope nouvo konpetans, fè yo aprann travay an ekip, montre yo ou sousye de yo andeyò travay la, ak peye yo yon ti kras pi wo pase mwayèn nan. Chèche gen enfòmasyon sou fanmi yo ak rèv yo pou yo konnen ou pa wè yo tankou machin sèlman ki ap pwodui pou ou. Apre ou fin fè fòmasyon pou yo ak wè bon travay yo, konfye yo pi gwo responsablite. Si tout bagay depann de ou, biznis ou an se yon ti bebe!

Poze tèt ou keksyon (Chèche bon anplwaye pou ogmante kapasite biznis ou):

Èske mwen gen plan pou mwen pran anplwaye oswa fè tout bagay pou kont mwen?

_____

_____

Kilès mwen konnen, mwen fè konfyans epi mwen renmen travay ak yo?

_____

_____

Ki lidè nan kominote a ki ka refere mwen bon anplwaye?

_____

_____

Kijan mwen pral montre anplwaye yo mwen sousye de yo ?

_____

_____

Kijan mwen pral fè yo grandi tankou lidè nan biznis la? Èske sa map atann de yo a klè?

_____

Medite sou vèsè Labib sa yo (Chèche bon anplwaye pou ogmante kapasite ou):

Lè ou delege responsablite, sa fè moun yo ak òganizasyon an grandi. 2 Timote 2:2 (NIV): *"Sa ou te tande m' di ou devan anpil temwen, se pou ou renmèt yo bay lòt moun serye ou konnen ki ka montre lòt moun yo tou. "*

Ou gen dwa kòmanse pou kont ou, men pou grandi, ou ap bezwen fòme lòt lidè. Egzòd 18:13-26 (NIV): *"Nan denmen, Moyiz te chita pou rann jijman sou tout bagay ki pase nan mitan pèp la. Depi maten jouk aswè, moun t'ap pase devan Moyiz. Lè Jetwo, bòpè Moyiz la, wè kalite travay di sa a Moyiz t'ap fè pou kò l' pou pèp la, li di l' konsa: - Kisa ou ap fè konsa ak pèp la? Poukisa pou pèp la kanpe devan ou depi maten jouk aswè, epi se ou menm ki chita la pou kont ou ap rann jijman? Moyiz reponn bòpè l' konsa: -Se sa pou m' fè paske pèp la vin kote m' pou yo ka konnen sa Bondye vle yo fè nan tout sikonstans. Lè yo gen kont, yo vin jwenn mwen, mwen regle sa pou yo, mwen fè yo konnen volonte Bondye ak sa Bondye mande yo pou yo fè. Bòpè Moyiz la di l' konsa: -Jan ou ap fè l' la pa bon. OU ap fin kraze kouraj ou ansanm ak kouraj pèp la ki la avè ou. Paske chay la twòp pou ou. Ou pa ka pote l' pou kont ou. Bon. Koute sa m'ap di ou: se yon konsèy m'ap ba ou pou Bondye ka ede ou. Se ou menm ki va prezante pou pèp la devan Bondye. OU a mete tout pwoblèm yo devan Bondye. OU a montre yo lòd Bondye, Seyè a, bay ansanm ak sa li mande yo pou yo fè. OU a fè yo konnen jan pou yo viv ak sa yo dwe fè. Men, ou a chwazi nan mitan pèp la kèk moun ki kapab, moun ki gen krentif pou Bondye. Fòk se moun ou ka konte sou yo, moun ki p'ap kite lajan pran*

113

nanm yo. OU a mete yo chèf pou dirije pèp la, chèf sou mil moun, chèf sou san moun, chèf sou senkant moun ak chèf sou dis moun. Moun sa yo va toujou la pou sèvi jij pou pèp la. Lè y'a gen gwo zafè, y'a pote yo devan ou. Men lòt ti zafè, y'a regle sa yo menm. Konsa, chay la va pi lejè pou ou, paske y'a ede ou pote l'. Si ou fè sa, Bondye va dirije ou. OU a kapab fè travay ou, epitou, tout pèp la va tounen lakay li ak kè poze. Moyiz koute konsèy bòpè l' la vre.

Li fè tou sa Jetwo te di l' fè yo. Moyiz chwazi nan mitan pèp Izrayèl la kèk nèg ki kapab dirije pèp la, li mete yo chèf sou mil moun, chèf sou san moun, chèf sou senkant moun ak chèf sou dis moun. Yo te toujou la pou rann jistis pou pèp la. Yo te pote gwo zafè yo devan Moyiz. Men ti ka piti yo, yo te regle sa yo menm."

 ## Obsève jèn yo ki swiv konsèy:

Alejandro ak Maria te deside wè konseye yo Danyèl. Nan kòmansman, yo te mande tèt yo si li te konnen kijan pou ede yo vre! Li te kontinye poze kesyon epi koute yo, men li pa te ba yo okenn konsèy. Finalman, Danyèl te pran yon ti tan pou li te konsidere tout sa li te tande yo. Lè sa a, li te di, "Alejandro ak Maria, si yon boulanje krèp te vòlè lide de ti adolesan ki pa menm vann yon grenn krèp, èske sa vle di ke nou gen bon lide oswa move lide - pou sa moun vle?"

Alejandro ak Maria gade atè a. Repons lan te evidan tankou pousyè tè a ki te sou lasèt soulye yo. "Oke Danyèl, mwen konprann sa ou ap di a, men kisa nou ka fè? Maria reponn, yo te deja pran lide nou an!"

Danyèl te gen yon lòt keksyon. "Gade: èske yo te pran ide nou an — oswa yo senpleman valide ke se yon *bon* ide? Lè ou vini ak krèp tout moun ta reve a se yon bagay, men lè ou vini ak *dis* tankou sa epi ou chanje yo chak mwa- sa se yon lòt nivo. Mwen panse ke nou tou de gen direksyon an, disiplin travay ak volonte pou nou tande kliyan yo pou nou ka reyalize ide sa pi byen pase nenpòt moun nan vil la."

Evite senk gwo erè sa yo:

1. Lè ou pa kenbe pwomès ou yo.
2. Lè ou trete anplwaye tankou machin, pa tankou moun.
3. Lè ou fè konfyans twò rapid nan pran gwo ris ak moun ou pa menm konnen.
4. Lè ou angaje ou nan yon patenarya san ou pa eseye pandan yon peryòd anvan .
5. Lè ou pa mete akò yo nan yon kontra siyen.

Devlope senk bon abitid sa yo:

1. Bay plis pase ou resevwa; chèche fason pou ou ede menm lè yo pa mande ou
2. Se pou ou rekonèt erè ou yo, eskize ou epi montrechanjman ki pozitif pi vit posib.

3. Peye founisè ou yo pi vit pase dat yo tap atann nan.
4. Se pou dousman nan rekritman yo, men revoke moun rapid.
5. Ede anplwaye yo wè avni yo nan biznis ou an epi ede yo devlope nan direksyon sa.

Swiv vrè egzanp lavi jèn peyi Ondiras sa:

Yon jèn dam ki gen yon souri akeyan, Maria Villela renmen fè moun plezi ak bon gato fwomaj li yo. Kòm yon moun ki gen bon jan enterè nan moun, li vrèman viv selon konsèy ekspè yo nan modil sa a. Li rakonte nou ak mo pa li (ak koreksyon Carol McGehe)kijan Maria te bati yon biznis ki depann de moun.

116

Maria ak mari li

Maria Villela: *"Apre mwen te echwe nan plizyè tantativ pou mwen te jwenn yon djòb, nan lane 2015, mwen te deside kreye pwòp biznis Sèvis restoran pa mwen epi mwen te rele li Pistacchio Sèvis restoran. Mwen te kòmanse fè eksperyans nan bay sèvis restoran ak moun ki nan legliz nou an, zanmi, ak fanmi epi sa pa te pran anpil tan pou mwen te elaji rezo kliyan mwen an. Mwen te aprann ke lè mwen antoure tèt mwen ak moun ki pozitif, se yon bagay ki enpòtan anpil paske moun ki pozitif ap enfliyanse mwen pou m' pran pi bon desizyon nan lavi pèsonèl ak pwofesyonèl mwen.*

Apre mwen te fin analize mache a, mwen te gen pou m' deside kilès founisè mwen yo ta dwe ye. Boulanje lokal yo, boutik ki tou pre yo, ak mache ki vann angwo yo ki pwouve ke se pi bon chwa. Lè mwen te ap chwazi moun ki te ka ban mwen founiti nesesè yo, mwen te asire ke mwen fè bon jan rechèch sou pwodwi mwen ap achte a pou mwen asire

117

ke pwodwi fini mwen an te gen bon jan engredyan yo ladann. Mwen te oblije saj epi chèche konnen founisè mwen yo pi byen. Lè ou bati kalite relasyon pèsonèl sa, Sa fè relasyon biznis ou vin pi bon. (Mwen te menm tire kèk avantaj nan sa!)

De mwa apre, mwen te envite mari mwen Alfredo pou li te vin patnè biznis mwen. konpetans li kòm yon gwo chèf kizin te vin ajoute sou kapasite biznis mwen an. Kounye a, li pa sèlman patnè biznis mwen an, men li se mari m 'tou! Depi nan konmansman an, nou te nan menm paj sou ki jan pou nou jere ak fè biznis nou an grandi. Nou konsantre nou pou nou fè eksperyans chak kliyan an inik ak pèsonèl. Nou toujou pale ak kliyan nou tankou se manm fanmi nou yo ye. Objektif nou se fè yo santi yo alèz epi asire yo ke nou se pi bon chwa pou evènman yo. Nou reyalize ke livrezon pwodwi nou yo pa vle di ke travay nou an fini la. Apre evènman yo, nou pran tan pou kontakte kliyan nou yo pou mande yo enfòmasyon sou eksperyans yo avèk nou epi pou asire ke yo konnen nou disponib pou nenpòt lòlt evènman yo ka ap planifye.

Pandan nou te kontinye nan biznis nou an, nou reyalize nou te gen anpil bagay pou nou aprann, soti nan kontablite debaz pou nou rive grandi kòm lidè. Paske bagay sa yo yo souvan difisil pou aprann pou kont ou, nou te al jwenn yon kominote antreprenè nan Legliz Cristiana Vida Abundante a. Nou te fè yon bèl eksperyans ak yo. Nou tande istwa sou siksè ak echèk bò kote nouvo pwopriyetè biznis ak sila yo tou ki te gen 20 lanne eksperyans nan biznis. Nou te rankontre konseye nou yo nan gwoup sa a. Nou dakò ak lide ke lè ou gen yon biznis, ou bezwen yon konseye. Konseye yo se moun ki te viv tout bon ak move eksperyans yo nan biznis yo, yo te aprann de yo, kidonk yo vin pi apre sa. Yo vle pataje tout bèl pawòl sajès sa yo avèk nou. Nou trè rekonesan pou konseye nou yo paske nou te aprann, pwogrese, epi grandi gras a yo.

Lè nouvo antreprenè yo ap chèche sajès/bon konprann nan men nou, konsèy nou se sa: "Se pou nou gen imilite epi rete a tout imilite nou. Ou ta kapab yon gwo chèf kizin, mizisyen, enjenyè, oswa pi bon nan tout sa ou fè, men ou pa ta dwe janm sispann aprann. Ou pa bezwen montre ke ou se yon Moun ki konnen tout bagay paske ou pa konnen tout bagay ou bezwen konnen. Antoure tèt ou ak moun

Ki pral fè ou grandi pi plis chak jou. Fòk ou gen ase imilite pou koute konsèy ak eksperyans lòt moun. Ou ka pa fè tout sa yo di, oswa menm dakò ak tout bagay, men ou ap jwenn yon bon bagay kanmenm nan rete koute. Epitou, pa janm sispann poze bon keksyon. Aprann kijan pou rive kwè nan talan ak kapasite lòt moun.

Sa ki pi enpòtan, nou ankouraje lòt moun pou kite Bondye tounen poto mitan nan biznis yo. Li pral gen kontwòl tout bagay. Chak youn nan nou se bèl enstriman li ki itilize pou reyalize objektif diven Li. Bondye bay lavi nou sans nan fè talan nou itil pou sèvi lòt moun."

Gade kijan Maria bay moun valè ak tout kè, li pran moun pou moun, se pa sèlman pou sa yo ka fè pou li. Li antoure tèt li ak moun ki gen entegrite ak dilijans pou fè youn ak lòt. Li fè m' sonje pawòl ki di ke kapasite ou pou miltipliye talan Bondye te ba ou yo depann anpil de moun ou mete bò kote ou yo.

Travay ak gwoup ou:

Chwazi sis volontè pou jwe yon wòl nan yon aktivite: twa nan yo dwe jwe wòl kliyan ak twa lòt yo ap jwe wòl pwopriyetè chòp ki ap repare motosiklèt. Mete chak grenn kliyan ak yon pwopriyetè diferan ansanm pou yo fè yon pè, apre sa bay chak de moun sa yo youn nan kesyon ki anba la yo. Li yon lòt fwa nan klas la konsèy

119

ekspè yo nan Leson 3C a("Respekte konpetitè yo epi aprann de yo") ki nan paj 84. Apre sa, fè klas la rete ap obsèven twa konvèsasyon sa yo epi mande pwopriyetè chòp yo pou swiv konsèy ekspè yo lè yo ap reponn keksyon kliyan li yo:

a. Kliyan mande: "Kijan ou pi bon pase lòt chòp ki ap repare motosiklèt nan alantou isit la?" Pwopriyetè chòp la reponn.

b. Mwen tande ke chòp Pedro a ki anba nan lari a fè moun peye pou repare bagay ki pa menm gen pwoblèm. Ou panse se tout bon? Pwopriyetè chòp la reponn.

c. Poukisa kòb ou mande pou chak èdtan pi plis pase sa Motofix mande moun? Pwopriyetè chòp la reponn.

Apre chak prezantasyon, pwofesè a mande kliyan an: "Èske repons pwopriyetè chòp la te fè ou anvi achte nan men li? Si se Wi poukisa, si se Non poukisa ?" Apre sa pwofesè a mande klas la: " Ki pati nan konsèy ekspè yo pwopriyetè chòp la te swiv oswa li pa te swiv?"

Gid pou pwofesè a: Anvan nou li konsèy ekspè a, tanpri bay volontè yo wè tout keksyon yo. Sa pral ba "kliyan yo" tan pou pratike epi bay "pwopriyetè chòp yo" tan pou reflechi sou jan yo pral reponn.

Aplike modil sa ak:

PRIYÈ— Mande Bondye pou montre mwen yon moun ke mwen bezwen apresye pou sa li ye, pa sèlman pou li ka fè pou mwen. Mande Bondye kijan mwen ka montre lanmou mwen pou moun sa a avèk tan mwen ak pawòl mwen yo. Mande Bondye kilès moun ak konseye pou mwen mande pou ede m' nan biznis mwen epi ekri non yo.

RECHÈCH — Fè yon lis tout sa mwen pral bezwen ak founisè ki pou ban mwen yo. Chèche konnen ki pi gwo konpetitè ki genyen nan sektè aktivite mwen an epi idantifye fòs ak feblès yo.

KREYATIVITE — Ekri kalifikasyon mwen ta renmen jwenn nan founisè mwen yo. Si m ap chèche yon patnè pou biznis, ekri karaktè ak konpetans mwen ta renmen li genyen. Ekri atant ak deskripsyon travay pou yon pòs anplwaye mwen ta vle ofri.

AKSYON — Ale vizite yon gwo konpetitè pou bati yon relasyon sanmitay ak li epi aprann de sektè a.

KLIYAN YO — Mande kliyan potansyèl ou yo kisa yo renmen nan konpetitè ou yo.

KONSEYE YO — Mande pou rankontre ak de konseye potansyèl epi gade chak kilè yo ap gen volonte pou rankontre ou.

LAJAN — Aprann kijan pou ekonomize lajan paran mwen ban mwen ak sa mwen fè nan atik sou entènèt.

TAN — Pran yon tan anplis semèn sa pou montre yon moun ke ou ba li plis valè pase sa li ka fè pou ou.

Pratike valè yo:

Entegrite — Yon on patnè biznis ki gen ti karaktè ka byen vit detwi repitasyon ou, sa ki ka kraze biznis ou. Lè ou konnen patnè potansyèl yo byen epi kòmanse ak yon peryòd esè pou patenarya ou a pral dekouvri si yo gen entegrite oswa yo manke li.

Ekselans— Ou rekonpanse angajman yon founisè pou bon jan kalite lè ou achte materyèl nan biznis li. Lè ou sèvi ak bon "engredyan yo" ke yo ba ou, sa pèmèt ou ofri sèvis la pi byen.

Jesyon — Lè ou mande yon moun konseye ou, se yon kado ou ba yo pou fè bon konprann yo ak eksperyans yo itili tout bon. Li devlope tou nan menm moman kapasite Bondye ba ou.

Diyite — Olye ou pale konpetitè ou yo mal, respekte yo, Se pou ou onore diyite bondye ba yo. Lè yo kreye travay pou anplwaye ou yo, sa ba yo yon opòtinite pou itilize talan yo pou sèvi lòt moun. Sa a montre sans objektif yo ak valè yo.

Q *Evalye* biznis ti jèn nan:

Mete ou nan plas Danyèl. Si Alejandro ak Maria te vini bò kote ou pou mande konsèy, kisa ou tap fè?

- Ekri twa pi gwo keksyon ou tap poze yo pou ou te kapab konprann sitiyasyon yo an.

- Revize konsèy ki nan chapit sa. Si ou baze sou sa ou sot aprann yo, ki twa pi bon konsèy ou tap ba yo ? Ekri yo.

- Reflechi ak jan Alejandro ak Maria santi yo. Kijan ou tap ankouraje yo pou yo avanse?

Konklizyon:

Relasyon yo difisil men yo gen gwo rekonpans. Sa a nan lavi a paske Bondye li menm se yon relasyon! Se poutèt sa, ou dwe pran anganjman pou grandi nan konpetans ou yo ak/epi nan lanmoun pou moun. Bay moun sa yo omwen menm kantite ou resevwa nan men yo. Epi konte sou Bondye paske se li ki konnen ou pi byen, ki renmen ou pi plis, epi li bay tout sa ou bezwen nan gras li.

*Itilize Start*Book Plan a:

Kounye a ou fini ak modil sa, tanpri ranpli plan Liv Pou Demare ou an nan paj aprè a. Panse ak sa ou te aprann lan epi chwazi ki objektif ki pi enpotan pou ou aplike modil sa nan biznis ou pou 12 mwa ki ap vini yo.Ekri objektif ou yo, twa aksyon kap pèmèt ou reyalize yo, ak nan ki dat ou ap ka fè chak grenn. Plan Liv Pou Demare a dwe toujou itilize tankou yon zouti ki ap pèmèt biznis ou an grandi.

*Start*Book Plan

Apèsi modil la: Apresye epi aprann de gwoup moun sa yo ki enpòtan anpil pou siksè ou. Bati yon relasyon konfyans bò kote nou tou de.

Objektif #1 "Moun yo" pou 12 mwa ki ap vini yo:

3 pi gwo etap mwen pral fè pou mwen rive nan objektif la:

1.

Dat pou fini aksyon an: _____ Dat pou fini aksyon an:_____ Dat reyèl li fini an: _____

2.

Dat pou fini aksyon an: _____ Dat pou fini aksyon an:_____ Dat reyèl li fini an: _____

3.

Dat pou fini aksyon an: _____ Dat pou fini aksyon an:_____ Dat reyèl li fini an: _____

124

4. Lajan

Apèsi modil la: Lajan pa janm ase pou fè tout bagay, men ou dwe itilize l' nan sa ki gen priyorite yo. Byen pran san ou pou ou ka swiv bon Pratik sa yo pou kont-wole lajan ou ak pasyans wap kreye richès.

Modil 4: LAJAN

An nou konsidere apèsi modil la: Lajan pa janm ase pou fè tout bagay, men ou dwe itilize l nan sa ki gen priyorite yo. Byen pran san ou pou ou ka swiv bon Pratik sa yo pou kontwole lajan ou ak pasyans ou ap kreye richès.

Obsève jèn yo ki bezwen konsèy:
(NAN LÒT EDISYON AN LA)

Leson 4A: *Ekonomize* yon montan fiks chak semèn menm si li piti anpil

Swiv konsèy ekspè yo (Ekonomize yon montan fiks chak semèn menm si li piti anpil):

Lè ou ekonomize lajan se pi bon fason pou kòmanse e grandi biznis ou paskeli fè ou gen didiplin e fòse ou vin senp, ou renmen ekipman ou yo plis lè ou konnen'w achte yo lajan kontan ke lè se prete ou prete yo(pran yo a kredi)— San konte pil enterè ke ou pap bezwen nan peye labank! Tou de ni avan e aprè ou kòmanse, sere yon montan fiks chak semèn sou yon kont apa.Lem di apa, sa vle di lajan sa pa dwe mele nan lajan pesonèl ou ak lajan biznis lan. Komanse kounya menm si montan piti anpil, ogmante li tanzantan depi ou kapab.Fikse yon objektif pou ou rive tankou son lajan ijans (e retire lajan sa le ou vrèman gen yon gwo ijans). Lew rive fè sa, Fikse yon objektif pou ou peye yon pati ekipman ou ap bezwen ou ap sezi wè kantite lajan ou te ka ekonomize e ki valè satisfaksyon sa ap ba ou lèw konnen tout sa ou rantre pa depanse chak semèn.

? *Poze* **tèt ou keksyon (Ekonomize yon montan fiks chak semèn menm si li piti anpil):**

Si mwen pat janm esye sere yon ti kras kob chak semèn,kijan map fe konvenk tèt mwen ke li posib ke mwen ka sere nan sa map rantre?

_____

_____

Eske problèm lan se nan kantite sa map rantre a oubyen eske se mwen ki gen mantalite sa a?

_____

_____

Èske omwen mwen gen volonte pou mwen eseye pandan twa mwa?

_____

_____

Ki avantaj mwen genyen lè mwen pa itilize laja prete?

_____

_____

Kilè ak ki kote mwen pral louvi kont epay biznis mwen an?

_____

_____

Konbyen map retire chak semèn lè mwen komanse ak sa?

_____

_____

Konbyen mwen planifye pou mwen ogmante lajan ijans mwen an? Konbyen mwen ap ogamnte lajan pou mwen achte ekipman map bezwen yo?

_____

_____

Medite sou vèsè Labib sa yo (Ekonomize yon montan fiks chak semèn menm si li piti anpil):

Travay ak disiplin se rekonpans pou demen. 2 Timote 2:3-6 (NIV): *"Tankou yon bon solda Jezikri,asepte tout soufrans ki vin pou ou.le yon solda desevis, li pral chaje tet li si li vle fe chef plezi. Le yon mou nap aprann kouri pou'l ka patosope nan yon konkou,li pap ka genyen si li pa kouri dapre regleman konkou a. Kiltivate ki travay di jodia se li menm an premye ki pou resevwa pa'l nan rekot . "*

Lè ou fè gwo efò pou yon rekonpans kap soti lwen sa toujou byen mache. Pwovèb 13:11 (ESV): *"Lajan ou fe fasil pa lwen fini.Lajan ou fe nan di ap toujou fe pitit. "*

Ekonomize pou demen tèlman senp anpil ke menm kreayiti Bondye ki pi piti pratike l'. Pwovèb 30:25 (NIV): *"Se Foumi: yo tou feb, men yo pase tout sezon chale ap fe pwovizyon mete la."*

Leson 4B: Eksplore pou fè prè si li nesesè

Swiv konsèy ekspè yo (Eksplore pou fè prè sili nesesè):

Anpil fwa prete lajan labank konn nesesè, men asire ke ou depanse lajan an nan bagay kap ogmante rantre ou kap pemèt ou peye san problèm (enterè ak taks).Menm si li parèt enposib , ekonomize e planifye pou lè biznis ou an gen pou soti anba dèt nèt. Youn nan fason pou limite dèt lew ap titilize kredi se sere yon bon kantite e redwi dele pou ranbouse yo otan ke ou kapab tank dele pou'w ranbouse a kout,e plis kob ou ap gen pou ou peye — Men enterè ke ou ap peye ap pi piti konpare ak si li te long).

Labank toujou pè prete ak moun lap prete pou premye fwa — Yo vle wè'w gen yon yon bilan siksè.Pou bati konfyans, chèche konnen ajan kredi nan bank kote ou bay chek ou a —e pa janm bay vye(fo)chek. (ekipman ou ap achte) e konfyans,Bank ou an ka pran chans demare avek ou ak yon ti kredi.si ou peye li a lè san problem, ou ap gen chans jwenn yon pi gwo kredi pi devan.

Peer lending se yon opsyon. Savings circles "loan" the "pot" to a different person at the end of each cycle. And crowdfunding websites are a popular way to raise money for unique and exciting ideas, men kredi pou biznis pa paret osi entrigan!

Zanmi ak fanmi ka prete'w lajan si ou montre ke ou ekonomize ase lajan e ou ap travay di pou biznisn ou an grandi. Fè atansyon ak opsyon sap paske lajan kapab gate relasyon ou sitou si ou pa ka peye nan lè ou te promèt ou ap fè sa a.

Poze tèt ou keksyon (Eksplore pou fè prè si li nesesè):

Eske mwen dwe fè eksperyans kredi ou kontinye nan ekonomize ti lajan mwen?

_____

_____

Konsidere mwen gen yon kredi, kijan map fè konnen ke sa ap ogmante reveni mwen ki pou banm lajan kap pemet mwen rive peye kredi a?

_____

_____

Ki bank ki repite nan prete moun ki nan gategori biznis map fè a?

_____

_____

Kijan m'ap fè genyen konfyans yo?

_____

_____

Eske prè en pair lan disponib pou mwen ? Eske li koresponn ak biznis mwen genyen an?

_____

_____

Eske paran'm panse ke prete lajan nan men fanmi'm ou nan men zanmi se yon bon ide? Si wi, Kiyès poum mande?

_____

_____

Meditate sou vèsè Labib sa (Eksplore pou fè prè si li nesesè):

Chèche konprann avanataj ak enkovenyan ki genyen nan prete lajan.Pwovèb 22:7 (NIV): *"Moun rich ap dominen sou moun pòv. Le ou prete lajan nan men yon moun, ou tounen timoun devan pot li"*

Leson 4C: *Konprann* sikilasyon lajan kach

Swiv konsèy ekspè yo (Konprann sikilasyon lajan kach):

Sikilasyon lajan kach nan biznis se preske menm bagay a sikilasyon lajan pèsonèl, ou gen yon lè ou touche e nan menm tan ou gen yon lè pou'w peye dèt ou. Ou sipoze asire w ke ou rete yon ti kòb disponib aprè ou fin peye tout dèt ou. Si ou ka rive fè sa,se sikilasyon lajan pesonèl ou ke ou rive jere. Ni nan lavi ni nan biznis, nenpòt kantite lajan ou ap touche a ou gwosè lavant ou ye bil yo ap toujou paret pi gwo.Sa ap pran anpil ane disiplin ak efò pou'w ka vanse.

? *Poze* tèt ou keksyon (Konprann sikiasyon lajan kach):

Eske sa fè sans?

_____

_____

Eske mwen sere ase lajan ki ka pèmèt mwen soti nan yon kriz kote manke sikilasyon laja kach?

_____

_____

***Medite* sou vèsè Labib sa (Konprann sikilasyon lajan kach):**

Menm si lavant ou ta gwo anpil, depiw pa gen disiplin lajan 'w pap rete. Eklesyas 5:11 (NIV): *"Pllis ou gen lajan se plis bouch ou ap gen pou w bay manje"*

Sel benefis ou jwenn nan tou sa, se wè wa wè ou rich E le biznis ou vin otonòm ou ap ka relel "Tou fè nwa ak lanmò." Som 23:4 (ESV): *menm si map pase nan yon ravin ki fe nwa anpil , mwen pap pe anyen, paske, seye, ou la avek mwen. Se baton ou ak gol ou ki f eke m pa kase."*

Leson 4D: Fè estimasyon total konbyen biznis ou an koute

Swiv konsèy ekspè yo (Fè estimasyon total konbyen biznis ou an koute):

Optimis ak mank eksperyans ka lakoz ou souzestime anpil konbyen lap koutew pou ou komanse e jere biznis ou an. Ajoute chak ti kou potansyèl ke ou gen nan tèt ou — epi miltipliyel pa 3! Fè sa ni pou lèou ap komanse ni lè biznis lan ap mache, fè yon plan pou ou wè kijan ou pral peye pou li jiskaskew gen ase kliyan ki pou peye ou. Mande youn nan mentor ou yo ki gen eksperyyans nan biznis pou gade chif ou yo e pou li ba ou konsèy. Cheche genyen kliyan ak fè yo peyese bagay ki pi difisil e ki pran bon ti tan, ke ou pa ta iamajine, Fe cash flow tounen yon defi konstan nan premye ane yo pou yon biznis ki fenk ap demare. Se pou rezon sa yo rele peryod sa "Tou fe nwa ak lanmo!" (Som 23:4) Fok ou senp, fok ou genyen kreyativite ak tenasite pou ou kapab simonte sous ki bay plis strèss sa.

? *Poze* tèt ou keksyon (Fè estimasyon total konbyen biznis ou an koute):

Ki tout nivo kategori kou map bezwen pou mwen demare biznis mwen an, e konbyen chak kategorisa yo ap koute mwen?

_____

_____

Ki kategori e ki kou total demaraj ke ou espere genyen?

_____

_____

Kiyès nan konseye mwen yo ki ka ede mwen ak sa?

_____

_____

Eske map gen sa map bezwen pou jere estrès sa?

_____

_____

Eske mwen gen volonte pou'm cheche lavant e ranmase lajan sis jou nan yon semèn pandan tout yon ane?

_____

_____

Medite sou vèsè Labib sa (Fè estimasyon total konbyen biznis ou an koute):

Mete kou yo pi wo avan menm ou komanse. Lik14:28-30 (NIV): *"Si yonn nan nou vle fe yon gwo batisman, premye bagay pou'l fe: se pou kalkile konbe sa pral koute l pou l we si li gen kont lajan pou l fin fe travay la. Si l pa fe sa, l'ap fin poze fondasyon an. Le sa, tout moun ki va we va pran pase l nan betiz. Y'a di : Nonm lan komanse bati, men li pa kapab fini. "*

Leson 4E: *Swiv* senk pi gwo depans ou yo chak mwa

Swiv konsèy ekspè yo (Swiv senk pi gwo depans ou yo chak mwa):

Ranje tout depans ou yo selon kategori yo chak mwa.cheche senk nan pi gwo depans ou chak mwa, eseye diminye yo toutotan'w kapab e cheche konnen ki rezon ki fe yo monte oubyen desann chak mwa.. Fè sa pandan yon bon titan, wa we ke ou kapab konpare depans ou pandan menm mwa a ak lot yo. (oubyen trimès) ane pase oubyen ane avan sa a.Chif yo e tankou afichaj nan dashboard machin ou ki di ou kijan biznis lan ye e kijan chofè a ye.sa pa sifi ase pou jere depans ou.Ou pap janm ka fè sa ki byen si'w pa mande Poukisa?" Se yon bon fason pou ou jwenn e elimine gaspiyaj nan biznis ou e wè tandans lan. Mande youn nan mentor ou yo ede'w jere kesyon chif yo.

Poze tèt ou keksyon (Swiv senk pi gwo depans ou yo chak mwa):

Kijan mwen ka swiv tout depans mwen yo, pou mwen ka klase yo selon kategori yo chak mwa?

_____

_____

Ki 5 pi gwo depans mwen te genyen mwa pase?

_____

_____

Kijan li diferan de sa ane pase a e poukisa?

_____

_____

Si ou tap swiv depans ou pou piti yon lane, kijan ou wè mwa ou ye a konpare ak menm mwa sa ane pase?

_____

_____

Kilès nan konseye mwen yo ki ka edem swiv epi konprann chif mwen yo?

_____

_____

Medite sou vèsè Labib sa yo (Swiv senk pi gwo depans ou yo chak mwa):

Pa pedi kontwol sa kap pase anndan biznis ou. *Proveb 27:23 (NIV): "Cheche konnen jan tout bet ou yo ye e pran swen yo "*

Konprann kou fiks ak kou varyab Yon ogmantasyon nan travay fe kou ak reveni ogmante tou. Proveb 14:4: *" kote ki pa gen bef pou rale chari pa gen bon rekot. Le bet ou anfom ou ap fe bon rekot."*

Leson 4F: konprann kou fiks ak kou varyab

Swiv konsèy ekspè yo (konprann kou fiks ak kou varyab

Dèfwa Anpil depans ogmante lè lavant yo monte — Ou oblije achte plis farin pou ou ka vann plis pen e utilize plis gaz pou livre pen sa yo. Yo rele sa "Kou Varyab". Gen lot depans ki pa chanje chak mwa kit ou te vann zewo oubyen 1,000 moso pen — Tankou lajan ou prete pou te achte fou an oubyen lajan ou lwe pou bizis lan. Yo rele sa "Kou fiks". Si ou fe sa yo byen,Kou varyab ou ta dwe ogmante yon ti kras pi lan ke lavant ou.poukisa? Paske sa ka rive ou jwenn farin lan a pi bon pri le ou achte anpil. E ou dwe kapab katografye wout kap pi bon pou kapab pi efikas,livre plis pen pa gallon gaz ke ou ap boule.

 **Poze tèt ou keksyon(Konprann kou fiks ak kou varyab):**

Eske mwen konprann diferans ki genyen ant kou fiks ak kou varyab?

_____

_____

Si se non, Kiyes ki ka ede mwen? Eske kou varayb mwen ogmante pi rapid ou pi lan ke lavant mwen e poukisa?

_____

_____

Medite sou vèsè Labib sa (Konprann kou fiks ak kou varyab):

Le'w travay plis li ogmante de bagay kou(depans) ak reveni ou. Proverbs 14:4: *"kote ki pa gen bef pou rale chari pa gen rekot,Le bet ou anfom ou ap fe bon rekot."*

Leson 4G: Kenbe ase envantè

Swiv konsèy ekspè yo (Kenbe ase envantè):

Toujou kenbe yon ti kras nan envantè ou si ou kapab san ou pa bay reta nan livrezrezon w gen pou kliyan ou yo. Sa ap fe ou gen plis lajan disponib pou ou peye bil e kenbe biznis lan djanm.Cheche konnen ki pwodwi ou vann plis nan tout sa ou genyen yo tap ede ou ak sa. Cheche jwenn yon bon fason pou sible envante ou yo, pouw ka konnen le machandiz ou ap bese .Si ou pa fe sa, ou ap desevwa kliyan yo e ou ap pedi lavant.Kontwi relasyon ki solid ak founise ou yo pou yo ka voye machandiz lan le ou bezwen pwodwi plis pwodwi san pedi tan.

? *Poze* tèt ou keksyon (Kenbe ase envantè):

Ki pwodwi nan machandiz mwen yo mwen vann plis oswa mwens?

_____

_____

Ki kantite grenn nan chak ke mwen vann chak semèn an mwayèn?

_____

_____

Eske estòk mwen an twop piti oswa twò gwo?

_____

_____

Kijan mwen fè pou mwen jere kantite stok mwen genyen a nenpot ki moman ?

_____

_____

Eske founisè mwen yo rapid? Eske mwen ba yo bon rezon pou edem jere vit lè m' gen ijans?

_____

_____

Twop lajan nan envantè ou a ka andikape biznis ou an. *Eklesyas 11:1-2 (ESV):* "Fe byen san gade deye.yon le konsa, w jwenn rekonpans ou. Separe sa ou genyen ak mezi moun ou kapab, paske ou pa janm konnen ki male ki ka rive ou sou late."

Leson 4H: Fikse pri ou byen

Swiv konsèy ekspè yo (Fikse pri ou byen):

Ofri pri ki pi ba se youn nan pi move strateji ki te ka genyen nan zafè biznis.Konkiran ou yo gen yon rezon ki fè yo pa fè moun peye pri ki pi ba a. Moun ki dako resevwa pri ki pi ba ke sa yo fe a pa rete nan biznis ! Baze sou kalite men pa sou pri. Ofri bagay ki gen anpil valè (pi bon pwodwi ak sevis) pou ou pa nan ba yo a ba pri sa ki ka fe biznis lan kraze oubyen kap anpechew ofri sa ki bon ak kliyan ou yo e ou dwe ofri sak Bon menm jan ak Bondye, li menm ki fe kreasyon an "bon anpil la."

Fikse pri ou yo pi wo ke sèy rantabilite ou Kalkile li pou chak pwodwi ou vann pandan ou ap itilize fomil anba sa. (Leson 4F esplike kou fiks ak kou varyab). Asirew ke pri ou an pi wo ke sey rantabilitew sinon biznis ou an pap la pou lontan.

143

$$\text{pwen mò} = \frac{\text{kou fiks}}{\text{pri initè - kou varyab initè}}$$

Genyen twop antreprenè ki jis pran menm pri a konkiran yo a,men si ou ap fè sa ki bon, e ou ap ofri bagay ki gen plis valè (pwodwi ki pi siperyè/ou eksperyans kliyan yo), ou oblije fè yo peye plis pou sa.

"Kliyan dwe plis enfome de pri prodwi ou yo ke konkirsn ou." (CoStarters). Mande kliyan ou yo kisa yo panse de pri ou yo, eske pye yo mache ak pawol yo di a? (Defwa yo ka plenyen pou pri ou yo men si ou wè yo kontinye achtel ou dwe konnen e paske yo wè valè an plis ke yo jwenn ladan)

? *Poze* tèt ou keksyon (Fikse pri ou byen):

Eske mwen konpetitf sou pri oswa sou valè?

_____

_____

Ki pwen ekilib mwen?

_____

_____

Eske Pri mwen yo edem gen yon benefis ki rezonab?

_____

_____

Kijan kliyan mwen reyaji, sa yo di,sou kesyon pri mwen yo?

_____

_____

Eske mwen dwe chanje kèk nan pri mwen yo?

_____

_____

Medite sou vèsè Labib sa a (Fikse pri ou byen):

Menm si kliyan ou yo ap plenyen pou pri ou yo, men vre pesesyon yo ap montre si yo ap toujou obyenu pa achte nan menw. Proveb 20:14 (NIV): *"Le moun ap machande, machandiz pa janm bon. Fini yo fin achte y'ap mache di jan yo fe bon zafe "*

145

Leson 4I: Vann plis nan pwodwi ou fè plis benefis la

Swiv konsèy ekspè yo (Vann plis nan pwodwi ou fè plis benefis la):

Cheche konnen ki benefis ou fè sou chak pwodwi pandan ou ap retire sey rantablite ou (we chapit avan) pou yon prodwi patikilye nan pri li. Epi pran chif sa divize li pa pri li. Sa ap ba' w maj benefisyè a (percentage) pou prodwi sa.Fe sa pou chak prodwi ke ou vann, epi konpare yo youn ak lot. Prodwi ki gen gen pi gwo chif yo ap fè'w fè plis kob.

Eseye vann plis nan sa yo e mwens nan sa yo.

| pri - pwen mò = profi | profi / pri = maj profi |

Poze tèt ou keksyon (Vann plis nan pwodwi ou fè plis benefis la):

Ki pwen ekilib pou chak pwodwi mwen yo?

_____

_____

Ki maj benefis mwen sou chak pwodwi mwen yo?

_____

_____

Kisa ladan yo mwen dwe eseye vann plis epi kijan?

_____

_____

Ki pwodwi mwen dwe ogmante pri li, vann mwens, oubyen sispann vann?

_____

_____

Medite sou vèsè Labib sa a (Vann plis nan pwodwi ou fè plis benefis la):

Konsantre ou sou sa ki kreye plis valè a. Pwovèb 31:18 (NIV): *"Li santi zafè l' ap mache byen, li rete byen ta lannwit ap travay. "*

147

Leson 4J: Vann lajan nan men, se pa sou kredi

Swiv konsèy ekspè yo (Vann lajan nan men, se pa sou kredi):

Si tout bagay posib,touche imediatman lè kliyan ou yo fin achte. Sa ap ede ou peye bill ou, prodwiplis pou lot kliyan kap bezwen yo.(Pa bliye modil sou cash flow nou sot we anle a) Si yo abitye peyi akredi (yon kont avek ou, pa yon kat kredi.Ou ka chwazi ofri yo 3%-5% rabè si yo tou peye. Gade si kliyan ou yo prè pou yo peye yon kob davvans pou'w ka fè komand enpotan pou matyè premyè kap koute'w chè.

Poze tèt ou keksyon (Vann ak lajan nan men, se pa sou kredi):

Ki atant kliyan mwen yo sou kijan ak kilè yo ap peye?

_____

_____

Eske mwen pral fè yon ti rabè pou mwen ankouraje yo plis achte ak lajan nan men?

_____

_____

Eske mwen dwe chèche pran depo davans pou kliyan ki ap kòmande anpil yo?

_____

_____

Medite sou vèsè Labib sa yo (Vann lajan nan men, se pa sou kredi):

Lè ou touche sou plas, sa ranfòse biznis ou pou fè fas ak sa ki ap rive demen ke ou pa konnen. Jak 4:13-15 (NIV): *"Koulye a, se ak nou m'ap pale, nou menm k'ap di: jòdi a osinon denmen, n'a pral nan tèl lavil. Rive la, n'a pase yon lanne, n'a fè kòmès ak anpil benefis. Nou pa menm konnen sa lavi nou va ye denmen. Lavi nou tankou yon nwaj. Li parèt pou yon ti tan. Apre sa, li disparèt. Okontrè, men sa pou nou te di: Si Bondye vle, n'a wè denmen, n'a fè sa osinon sa "— Kisa lavi ou ye ?*

Leson 4K: Peye tèt ou yon salè regilye lè biznis lan fin otonòm

Swiv konsèy ekspè yo (Peye tèt ou yo salè regilye lè biznis la fin otonòm):

Pa mele lajan pesonèl ou ak lajan biznis ou an, Salè ou se sel bagay ki la lye yo de a. "Le zanmi oubyen fanmi bezwen ou itilize lajan biznis lan pou ede yo, di yo ou tap kontan ba yo nan lajan wa touche a (nan lèt la), men epa bèf lan (aktif biznis lan) pwiske Bondye te konfye bèf la pou li bay lèt pou demen." (Al Steiner).prensip sa nou byen ilistre li nan chema anba a, ki montre obligasyon ou genyen ak moun dwe soti nan lajan ou ap touche a (dwat), men pa nan biznis lan (goch)..

Pratik sa kontwi yon frontyè ki an sante ozalantou biznis ou an pou li kapab pran fòs finansyè ke li ap bezwen an tou piti pou li kontinye egziste. Menm jan yon paran ap ran swen pitit li! Ebyen fok ou pran swen li jodia pou li ka pran swen ou demen!

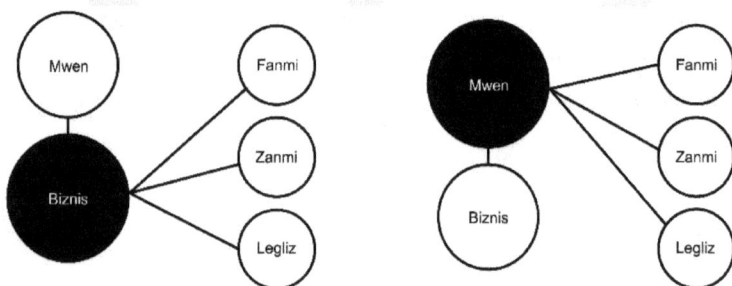

Imaj sa a nou pran li avèk pèmisyon nan liv: Partners Worldwide Business Curriculum for Small and Medium Enterprises, Copyright 2017 ."

Nan komansman mwa yo(oswa ane), ou pral bezwen chèche lòt mwayen pou pran swen tèt ou pou kapab reyenvesti tout rantre biznis lan (oswa pi fò) ladann ankò, men depi sikilasyon lajan kach la ka sipòte li, kòmanse peye tèt ou yon ti salè epi ogmante li detanzantan lè biznis la ap pran jarèt, li gen lasante finansyè.

? *Poze* **tèt ou keksyon (Peye tèt ou yon salè regilye apre biznis ou fin otonòm):**

Èske mwen kenbe lajan biznis mwen an separe de lajan pèsonèl mwen?

_____

_____

Èske biznis mwen an gen otonomi li oswa li toujou ap sibi kriz sikilasyon lajan kach?

_____

_____

Kilè mwen ap kapab kòmanse oswa ogmante salè mwen?

_____

_____

Kijan mwen pral jere demann ki soti bò kote zanmi ak fanmi?

_____

_____

Medite sou vèsè Labib sa (Peye tèt ou yon salè regilye apre biznis la fin otonòm):

Depi biznis ou an kapab, yon ti chèk tou piti ka monte moral ou. 1 Timote 5:18 (ESV): *"Se sa ki ekri nan Liv la: Pa mare bouch bèf la lè l'ap fè moulen kann lan mache. Ou ankò: Moun ki travay fèt pou resevwa lajan travay li."*

Leson 4L: Bay 10% nan salè ou

Swiv konsèy ekspè yo (Bay 10% nan salè ou):

Bib lan anseye ou pou ou bay 10% nan rantre ou pou travay Bondye a. Disiplin sa edew kwè ke Bondye se Founisè ou. Li libere'w de anpriz lajan sou kèw e li baw lajwa ak jenerozite. "Lajwa sa soti nan Bondye. Li menm ki kreye tout sa ki bon e ki bay bon kado, li ban nou Jezikri, e Jezi te bay lavi li pou li te kapab ba nou lavi, ebyen bay se pi bèl fason nou ka imite Jezi ak papa li. Se yon aksyon adorasyon ki raple ou ke tout sa ou genyen se yon kado.

Paske se Bondye ki fè ou travay, 100% nan salè ou soti nan Li. Lè ou bay 10% se yon pwen pou kòmanse, men toujou konsidere pou bay plis pou travay Bondye a pandan ke Bondye ap ogmante sa ou ap rantre." (Jeff Hostetter)

? *Poze* tèt ou keksyon (Bay 10% nan salè ou):

Eske se laperèz oswa egoyis ki anpeche mwen bay?

_____

_____

Ki pousantaj nan salè m' mwen bay kounye a epi kisa mwen planifye pou mwen ogmante li?

_____

_____

Eske mwen kontwole lajan oswa se lajan ki kontwole mwen?

_____

_____

Kilès nan konseye mwen yo ki ka pataje eksperyans yo sou koze sa ak mwen?

_____

_____

Medite sou sa yo (Bay 10% nan salè ou):

Fidèl Bondye yo reyalize ke lajan pa yo pa pou yo, yo dwe itlize l' pou fè travay Bondye. Sòm 37:21 (NIV): *"Mechan an prete, li pa nan renmèt. Men, moun ki mache dwat yo gen kè sansib, yo fè kado. "*

Bondye beni ou pou ou kapab beni lòt moun. 2 Korint 9:6-11 (NIV): *'Sonje sa byen: Moun ki simen ti kras va rekòlte ti kras. Moun ki simen anpil va rekòlte anpil.*

Se pou chak moun bay jan yo te deside nan kè yo, san yo pa règrèt anyen, san moun pa bezwen fòse yo, paske Bondye renmen moun ki bay ak kè kontan. Bondye menm gen pouvwa pou l' ban nou tout kalite benediksyon an kantite. Li fè sa, pa sèlman pou nou ka toujou genyen tou sa nou bezwen, men pou nou ka gen rès ki rete pou n' fè tout kalite bon zèv. Se sa menm ki ekri nan Liv la: Li bay moun ki nan nesesite yo san gad dèyè. L'ap toujou gen kè nan men. Bondye ki bay moun k'ap simen an grenn pou l' simen ak pen pou l' manje, l'a ban nou tou sa nou bezwen pou simen. L'a fè l' pouse pou nou, pou nou ka fè yon bèl rekòt lè nou bay an kantite konsa. Bondye ap toujou fè nou rich ase pou nou ka toujou bay ak tout kè nou. Konsa, anpil moun va di Bondye mèsi pou kado n'a ban mwen pou yo."

Evite senk gwo erè sa yo:

1. Souzestime lajan biznis ou an ap koute pou li mache.
2. Lè ou pa separe lajan pèsonèl ou ak lajan biznis lan.
3. Lè ou eseye mete twòp kòb nan envantè/estòk.
4. Lè ou chèche fè konpetisyon sou pri olye se sou kalite.
5. Lè ou pa swiv depans ou yo epi analize tandans yo.

Devlope senk bon abitid sa yo:

1. Sere yon ti lajan chak semèn nan yon kont apa. Kòmanse kounya menm si montan ta piti anpil, apre sa ogmante l' jan ou kapab.
2. Fè tout sa ou kapab sa ou pa prete lajan epi peye yo pi vit posib.
3. Toujou konnen ki kote lajan ou yo prale.
4. Peye anplwaye ou yo anvan ou peye lòt dèt. Pa janm manke yon pewòl.
5. Toujou kontinye travay pou ogante sikilasyon lajan kach ou.

Swiv vrè egzanp lavi jèn peyi Ondiras sa:

Lè nou fenk rankonte Suyapa Parafita avèk cheve long li an, bèl zye li ak bèl akolad li bay, sa pral revele ke li se yon moun ki gen anpil lanmou. Li pral gen chans poze ou kèk keksyon pou li ka chèche konnen w epi montre kijan li ap pran ka ou. Lò bagay ki enpresyonan lakay li: li se yon fanm veteran nan zafè biznis ki ka pran desizyon difisil epi mete ekilib nan plizyè biznis avèk anpil siksè. Nan menm tan tou, li se yon madanm ki devwe, yon manman, yon manm legliz, yon konseye nan biznis. Kijan li fè pou li fè tout bagay sa yo? Li tap reponn ou: "Avèk gras Bondye." Sa yo se kèk fason li te swiv konsèy ekspè yo nan modil sa sou koze lajan. Men kijan li te esplike Odile Perez sa.

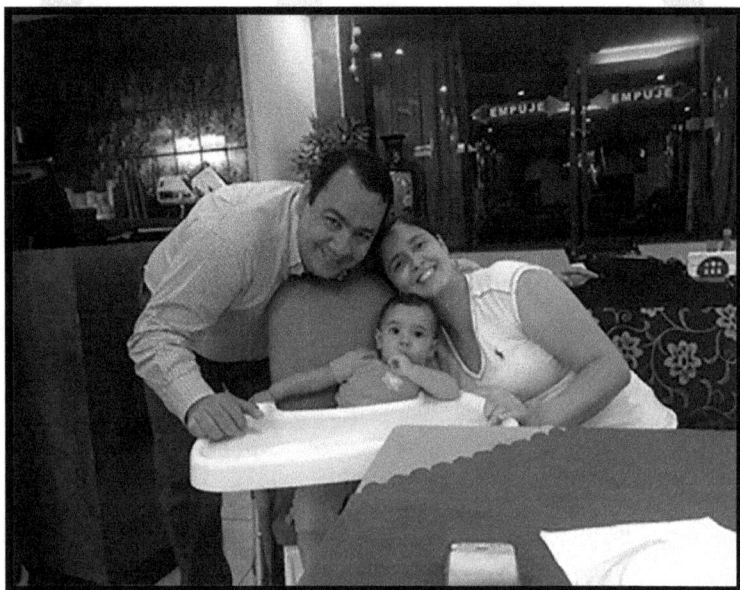

Suyapa ak mari li, ak pitit li

Suyapa Parafita: *"Nou te kòmanse Salud Natural pou nou te ede fè pwomosyon pou yon mod vi ak lasante ak konpayon ondiryen nou yo pandan nap vann remèd ak sipleman omeopatik. Pandan ane yo, nou te aprann konnen byen kijan poun jere lajan nan biznis.*

Youn nan premye pratik lajan nou te kòmanse se ekonomize lajan chak mwa pou salè anplis lalwa Ondiras egzije nou pou nou peye anplwaye nou yo nan mwa Jen ak mwa Desannm. Pou nou te evite gen tèt chaje lè nap bezwen lajan an, nou te kòmanse sere yon montan fiks chak mwa. Li te depoze dirèkteman sou yon kont apa sa.Sa te fè nou rete fidèl ak anplwaye nou yo san pil paket estrès nan chèche lajan nan dènye minit nap bezwen li an.

Lè nou te jije li enpòtan pou nou te pran premye prè nou,nou te sèlman prete sa nou tap jis bezwen pou nou achte estòk. Kantite estòk anplis sa te ban nou ase lajan pou'n peye kredi an,epi peye li a alè,ki te fè nou gen aksè ak lòt kredi. Pandan nou ap pale de envantè a, pou te kapab jere lajan nou byen, nou te oblije aprann kijan pou nou fè envantè epi swiv estòk nou. Se pa yon bagay fasil. Li ka fatigan pou jere plizyè santèn prodwi epi ou ka fristre lè karakteristik yo depase kontwòl nou. Pa egzanp, pandan plizyè fwa kòmand nou yo kay founisè yo te pran plizyè semèn reta nan koze ladwan. Kliyan nou yo pat kontan! Nou pedi lavant lè nou pat gen prodwi ki te konn vann plis yo,pandan nou te gen anpil kòb nan estòk ki chita la ki pap vann. Pou evite sa, nou te kòmanse komande pi souvan nan men founisè nou yo epi nou te konsantre nou sou prodwi yo te mande nou plis la ki vann pi rapid.

Yon ane anvan sa, nou te kòmanse analize epi tcheke sou sitiyasyon sikilasyon lajan kach nou pandan nou te toujou ap swiv gwo depans nou yo. Se youn nan pi bon zouti ki ede nou wè kijan nap depanse lajan nou ak kijan nou ka jere li pi byen. Apre nou te fin byen analize depans nou yo, nou te reyalize ke gen kèk konpòtman nou dwe chanje. Tankou, nou te kòmanse diminye nan kèk konpansasyon ke nou te konn ap ofri kliyan nou yo epi redirije lajan sa yo nan achte plis estòk.

157

Nou te kòmanse tou kalkile maj benefis pou chak prodwi nou yo.Selon sa maj benefis la ban nou, nou detèmine si pou nou kontinye vann prodwi sa oswa si pou nou gen plis nan yon prodwi. Biznis nou an te komanse grandi lè nou te sispann vann prodwi ki te gen maj benfis yo ki ba anpil epi yo pa mande anpil, epi nou te kòmanse ofri prodwi ki gen gwo maj benefis avèk anpil demann yo. Nou pa te janm kòmanse yon gè sou pri nou yo. Nou te toujou kite pito bon jan kalite sèvis ak pwodwi nou yo satisfè kliyan nou yo nan pwen pou yo deside peye pri nou te mande a.

Finalman, nou te ankouraje kliyan nou yo pou yo peye nou ak lajan kash olye ke se sou kredi nan ofri yo yon ti rabè sou chak acha ke yo fè ak lajan kach, nou te ogmante rapidaman sikilasyon lajan kach nou. Sa te ede nou peyi dèt nou san pwoblèm epi reenvesti nan achte plis estòk.

Tankou yon konpayi, nou te soti lwen nan jan nou te jere lajan nou, jiskaprezan nou konprann nesesite pou nou kontinye grandi nan sans sa, paske *se pi bon fason pou asire lonjevite ak otonomi biznis ou.* "

Nou ka remake byen nan biznis Suyapa a, tout pati nan konsèy ekspè yo nan modil sa a konekte youn ak lòt. Nan yon biznis reyèl, yo pa separe, yo pa leson ki pa gen rapò ansanm. Olye de sa, ekonomi, prè, envantè, swivi maj benefis ak sikilasyon lajan kach, tout travay men nan men. Yon feblès nan yon sèl zòn ka fè ravaj nan lòt zòn yo. Yon lòt bò, lè nou swiv bon pratik yo nan chak pati sa yo, sa ap ranfòse lòt pati yo.

Travay ak gwoup ou:

LAJAN — Susana ap vann 'pupusas' nan mache El Centro. Apre li fin li Liv Pou Demare a, li vle fè resèt pupusa grann li a ak yon nivo kalite ki pi wo epi vann yo nan yon pri ki rantab. Ki kèk bagay ki ta ka fè kliyan yo santi yo byen pou peye 10% anplis pase pri konpetitè ki tou pre yo ap vann li?

Gid pou pwofesè a: Repons ki posib yo gen ladann: yon sèvis akeyan, pi bon engredyan, plis varyete, manje ki fre, cho, livre ak pwoteje kont ensèk, pi bon anbalaj, kondiman ak napkin ki disponib.

Aplike modil sa ak:

PRIYÈ — Mande Bondye konbyen mwen dwe bay pou travay li a. lapriyè sou kijan pou jere sa lè zanmi ak fanmi ap mane mwen lajan nan biznis la.

RECHÈCH — Gade ki kalite prè ki genyen ak ki to enterè yo ye. Chèche konnen ki Pri konpetitè m' yo vann menm pwodwi map vann yo oswa si yo vann ak kredi.

KREYATIVITE — Ekri yon plan pou fè ekonomi ak konbyen lajan pou mete sou kote chak semèn epi poukisa.

AKSYON — Louvri yon kont epay pou biznis ou epi eseye rantre nan yon asosyasyon ki nan koze epay.

KLIYAN YO — Mande kliyan potansyèl èske yo ta renmen peye ak kredi oswa yo ta renmen fè yon depo lajan pou gwo kòmand yo.

KONSEYE YO — Chèche jwenn èd jan sa nesesè avèk kalkil ki anwo yo. Poze kesyon sou eksperyans yo nan aprann sou ladim.

LAJAN— Separe lajan biznis mwen de lajan pèsonèl mwen. Kòmanse ekonomize yon pòsyon nan lajan biznis la chak semèn. Estime kilè ak konbyen kòb pou kòmanse peye tèt mwen. Bay plis pase sa ou konn bay dabitid nan travay Bondye a semèn sa a epi medite sou jan li afekte kè mwen. Fè yon estimasyon depans yo pa kategori pou lansman mwen ak operasyon biznis mwen chak jou. Fè kalkil tout depans biznis mwen pou mwa pase a epi idantifye senk pi gwo kategori depans mwen yo. Fè adisyon kantite inite ki vann pou chak pwodwi nan yon mwa apresa deside ki kantite matyè premyè pou kòmande chak kilè. Kalkile pwen ekilib mwen an ak maj benefis pou chak pwodwi, lè sa a, m'ap konsidere si mwen ta dwe diminye depans pwodiksyon mwen, ogmante pri mwen yo, oswa vann plis oswa mwens nan kèk pwodwi.

TAN — Estime konbyen tan li pral pran pou mwen ekonomize kòb depans pou lansman an. Rezève yon tan chak jou pou swiv depans chak jou mwen yo. Rezève tan chak mwa pou kalkile senk pi gwo depans mwen epi diskite de sa avèk konseye mwen.

Pratike **valè** **yo:**

Entegrite — Tout moun vle fè biznis ak moun ki kenbe pwomès yo. Posiblite ki genyen pou atire plis kliyan ankouraje antreprenè yo pou yo viv ak entegrite. Lè ou twonpe vijilans lòt moun, ou ap gen bagay pou yon ti tan, men lè ou fè yo fè ou konfyans ou ap reyisi pou lontan.

Ekselans — Rantabilite se mezi ki pi senp nan valè a ou ap kreye pou kliyan ou yo. Se menm bagay la tou si kliyan ou yo kontan peye ou yon pri ki pi wo (jan ou fè nan yon bèl restoran ki diferan de restoran ki bay manje vit(fastfood)).

Jesyon— Lè ou ekonomize, ou bay, ou byen jere lajan, se yon repons pou montre tout bagay se pou Bondye epi Li fè nou konfyans pou nou responsab yo.

Diyite — Kreyasyon Bondye a ap kontinye vide benediksyon ane apre ane, kidonk biznis ki kontinye kreye richès fè nou sonje diyite nou kòm sèl kreyati ki pataje imaj Kreyatè a.

Evalye biznis ti jèn nan: (NAN LÒT EDISYON AN)

Konklizyon:

Lajan bay kè kontan, men se pa menm bagay lè ou ap kontwole chif yo nan yon paj. Si ou pa aprann analize lajan ou, ou ap fonksyone tankou yon avèg epi biznis ou pral soufri. Chèche èd nan men youn nan konseye ou yo pou ou ka byen metrize disiplin sa a. Ou pral jwenn gwo rekonpans! Fè bon planifikasyon ak lajan ou epi respekte yo. Ou pral kontan ou te fè menm jan ak biznis ki vin rantab yo ki pa parèt tankou se te maji. Olye de sa, yo grandi nan jefò yo fè ak anpil disiplin chak jou. Ou se jeran tout resous Bondye ba ou reskonsab yo epi li konte sou ou pou miltipliye yo pou ou kapab reponn ak bezwen fanmi ou ak kominote a.

*Itilize Start*Book Plan a:

Kounye a ou fini ak modil sa a, tanpri ranpli Plan Liv Pou Demare ou an nan lòt paj la. Reflechi sou sa ou te aprann yo epi chwazi objektif ki enpòtan pou ou pou aplike modil sa a nan biznis ou pandan 12 mwa ki ap vini yo. Ekri objektif ou, twa aksyon pou reyalize li, ak dat pou fè chak aksyon. Toujou gade Plan Liv Pou Demare a tankou yon zouti pou fè biznis ou grandi.

*Start*Book Plan

4. Lajan

Apèsi modil la: Lajan pa janm ase pou fè tout bagay, men ou dwe itilize l' nan sa ki gen priyorite yo. Byen pran san ou pou ou ka swiv bon Pratik sa yo pou kontwole lajan ou ak pasyans ou ap kreye richès.

Objektif #1 "Lajan" pou 12 mwa ki ap vini yo:

3 pi gwo etap mwen pral fè pou mwen rive nan objektif la:

1.

Dat pou fini aksyon an: _____ Dat pou fini aksyon an:_____ Dat reyèl li fini an: _____

2.

Dat pou fini aksyon an: _____ Dat pou fini aksyon an:_____ Dat reyèl li fini an: _____

3.

Dat pou fini aksyon an: _____ Dat pou fini aksyon an:_____ Dat reyèl li fini an: _____

163

5. Lansman

Apèsi Modil la: Fè atansyon ak detay enpòtan sa yo pou ou kapab planifye yon lansman ki ap reyisi.

Modil 5: LANSMAN

An nou konsidere apèsi modil la: Fè atansyon ak detay enpòtan sa yo pou ou kapab planifye yon lansman ki ap reyisi.

Obsève jèn yo ki bezwen konsèy:
(NAN LÒT EDISYON AN)

Leson 5A: Chèche yon bon anplasman

Swiv konsèy ekspè yo(Chèche yon bon anplasman):

Si li enpòtan pou kliyan ou yo lè ou vann nan yon espas ki vizib epi ki konfòtab, ou dwe konsidere sa lè ou ap chwazi yon anplasman. Si yon espas tankou (yon kwen nan yon magazen, yon kyòs nan yon sant komèsyal) chè epi li piti, ou ka deside si li fè sans pou ou pou fabrike pwodwi ou yo nan yon espas ki diferan pase kote ou vann yo a. Pou sèvis tankou netwaye kay oswa plonbri, se lakay kliyan yo ou travay, men ou pral bezwen yon kote pou mete zouti ou yo. Fè yon lis sa ou bezwen ak sa ou ap bezwen pou espas la.

Ou kapab pa gen mwayen pou kòmanse nan espas/lokal ou ta renmen an. Kòmanse tou piti pou wè èske lavant ou pral pèmèt ou peye yon lokal kote kòb lwaye a pi plis. Petèt yon manm nan fanmi ou oswa yon zanmi kapab gen yon kote ou ka itilize pou yon pri ki ba pou yon kèk tan. Peye omwen yon ti kras lajan.

(konsa li se yon tranzaksyon ki fèt ak diyite,se pa jis yon kado) epi sonje ekri kontra lwaye a.

Enstale yon ansèy kote ou vann pwodwi ou yo. Mete ansèy ou an anlè *depi premye jou* ou kòmanse vann nan espas la a. Ekri logo ak eslogan ou an byen gwo pou moun ki ap pase yo ka konnen imedyatman kisa ou ka fè pou yo. Pa mete nimewo telefòn ou ladann pou ou pa atire move kalite atansyon sou ou.

? *Poze* tèt ou keksyon(Chèche yon bon anplasman):

Èske mwen pral pwodwi epi vann nan menm espas la oswa nan de espas diferan?

_____

_____

Èske nan kòmansman mwen ka itilize lakay mwen pou youn oswa tou de?

_____

_____

Nan sa mwen ta swete pou espas mwen an, ki bagay mwen *bezwen* ak kisa mwen *vle?*

_____

_____

Èske mwen gen fanmi oswa zanmi ki gen espas yo ka ban mwen pou yon ti pri?

_____

_____

Èske mwen ka bay pwodwi mwen yo pou omwen yon pati nan lwaye a?

_____

_____

Èske bèl espas mwen chwazi a konfòtab pou pi bon kliyan mwen yo?

_____

_____

Èske li vizib ase pou atire nouvo kliyan?

_____

_____

Ki gwosè, ki kote, ki koulè ak kisa ki ap ekri nan ansèy mwen an?

_____

_____

Kilès ki ap fè li epi kilè?

_____

_____

Konbyen lajan mwen dwe ekonomize pou ansèy mwen kapab prè nan jou mwen ap fè ouvèti a?

_____

_____

Ki prekosyon mwen pral pran pou mwen mete sekirite nan espas la epi anpeche move je gen lide sou li?

_____

_____

 *Medite* sou vèsè Labib sa yo(Chèche yon bon anplasman):

Yon anplasman ki tout pre kliyan yo fè yo pase an premye. Filip 2:3-4 (NIV): *"Pa fè anyen nan lide pou fè tèt nou pase pou pi bon, ni pou fè lwanj tèt nou. Men, soumèt nou devan Bondye. Mete nan tèt nou lòt yo pi bon pase nou. Piga pèsonn chèche enterè pa l' ase. Se pou l' chèche sa ki bon pou lòt yo tou."*

Leson 5B: Chèche jwenn bon jan zouti yo

Swiv ekspè ou yo (Chèche jwenn bon jan zouti yo):

Ou gen dwa pa gen mwayen pou achte tout bon zouti ak ekipman yo touswit, men ou bezwen gen yon minimòm. Ou ka bezwen fè kèk travay alamen ke yon machin te ka fè pi vit. "sa ou fè alamen an" ka menm vin yon bagay ki atire kliyan ou yo achte! Sa a se yon pati kote kreyativite Bondye ba ou a dwe fè prèv li. Ki ekipman ou ka prete, lwe, fè pou kont ou, oswa fè echanj yon bagay ou genyen pou li? Pa kite pwoblèm sa anpeche travay ou paske si ou gen bon kè epi ou debwouye ou ase, ou pral jwenn yon fason pou vin pi bon ak pi bon zouti pi devan jiskaske ou gen pi bon zouti ki disponib. Fikse objektif ou kounye a pou ou planifye pou ekonomize ase pou ou kapab achte pi bon zouti...?

Ki kantite minimòm ekipman mwen pral bezwen pou lanse biznis mwen an ak kijan mwen kapab achte yo menm si lajan mwen limite?

_____

_____

Kilès ki kwè nan mwen epi ki ka ede mwen reflechi sou solisyon ak bezwen sa a?

_____

_____

Kisa ki plan mwen ak delè pou mwen soti nan zouti debaz yo ale nan sa ki pi bon yo ki disponib?

_____

_____

Medite sou vèsè Labib sa a(Chèche jwenn bon jan zouti

172

Lè ou byen pran swen zouti ou yo, sa ka ogmante efikasite travay ou. Eklezyas 10:10 (ESV): *"Si dan rach ou pa koupe, si ou pa file l', ou gen pou travay pi rèd lè ou ap sèvi avè l'. Men bon konprann ap fè ou reyisi nan sa ou ap fè. "*

Leson 5C: Respekte egzijans gouvènman an

Swiv konsèy ekspè yo(Respekte egzijans gouvènman an):

Chèche konnen ki anrejistreman, règleman ak taks ou pral bezwen respekte. Menm lè yon ti degaje pa mande pou li arejstre nan leta, chèche konnen ki kantite lajan ou dwe rantre ki mande pou ou oblije fè yon biznis fòmèl (pa egzanp se 50,000 lenpiras nan peyi Ondiras). Mande yon antreprenè ki la deja oswa yon avoka ou konnen pou montre ou demach yo. Lè ou respekte taks ak frè gouvènman an, sa ap diminye sou benefis ou, men tou se prèv ki montre ou onore Bondye epi ki fè kliyan potansyèl ou yo konnen ke ou se yon biznis legal.

Poze tèt ou keksyon(Respekte egzijans gouvènman an) requirements):

Kilès ki ka aprann mwen kisa egzijans gouvènman lokal mwen an ye epi kijan pou mwen swiv yo?

_____

_____

Èske mwen kwè Bondye ap beni mwen depi mwen obeyi li?

_____

_____

Èske mwen fè Bondye konfyans pou li pran swen mwen lè taks yo ap menase pou yo kraze biznis mwen?

_____

_____

Si mwen fè magouy nan taks yo, ki lòt magouy mwen ka tante pou mwen fè ankò?

_____

_____

Pou kilès mwen kapab yo bon egzanp nan domèn sa?

_____

_____

Medite sou vèsè Labib sa yo(Respekte egzijans gouvènman an):

Lè nou respekte lwa yo, sa montre nou soumèt devan Bondye. *Rom 13:1(ESV): "Tout moun dwe soumèt devan otorite k'ap gouvènen peyi a, paske nanpwen otorite ki pa soti nan men Bondye, epi tout otorite ki la, se Bondye ki mete yo. "*

Gouvènman gen revandikasyon ki lejitim sou ou, men se pa tout. Matye 22:19-21 (NIV): *"Montre m' pyès lajan nou sèvi pou peye taks la. Jezi mande yo: Pòtre ki moun avèk non ki moun ki sou li? Yo reponn li: Se pòtre Seza ak non Seza. Lè sa a li di yo: Bay Seza sa ki pou Seza, bay Bondye sa ki pou Bondye."*

Leson 5D: Louvri kont labank pou biznis ou an

Swiv konsèy ekspè yo(Louvri kont labank pou biznis ou an):

Louvri kont chèk ak kont epay biznis ou nan yon bank kominotè lokal ki ofri prè pou ti biznis nan sektè aktivite ou an (gade Leson 4A sou kijan pou ekonomize lajan). Nou espere ke se yon bank kote ou te deja genyen yon bon pakou atravè kont pèsonèl ou avèk yo. Chak fwa ou ekri yon chèk, toujou verifye balans rejis kont ou pou ou pa janm ekri yon move chèk paske ou ap peye gwo frè pou sa epi li ap retire sou konfyans yo fè ou. Si ou ta aplike pou yon prè, ofisye kredi labank la pral tcheke istwa labank ou avèk yo.

? Poze tèt ou keksyon(Louvri kont labank pou biznis ou an):

Ki bank ki gen plis chans prete biznis mwen an lajan pi devan si sa ta nesesè?

_____

_____

Èske mwen gen yon bon istwa ak bank mwen gen kont pèsonèl mwen an kounye a oswa mwen ta dwe kòmanse nan yon lòt bank?

_____

_____

Ki bank paran ak konseye mwen yo ban m' konsèy pou mwen itilize?

_____

_____

Èske mwen dwe aprann balanse yon chekye?

_____

Kilè mwen pral louvri kont epay ak kont chèk biznis mwen an?

Medite sou vèsè Labib sa yo(Louvri kont labank pou biznis ou an):

Lè ou itilize yon bank, sa ede ou pwoteje, mobilize ak kontwole resous ou yo. 1 Korint 14:33 (NIV): *"Paske, Bondye pa rele nou pou nou viv nan fè dezòd, men li rele nou pou nou viv ak kè poze. Tankou sa fèt nan tout legliz pèp Bondye a. "*

Leson 5E: Pwoteje biznis ou ak yon asirans

Swiv konsèy ekspè yo(Pwoteje biznis ou ak yon asirans):

Genyen plizyè kalite asirans pou ti biznis, pami yo nou jwenn kouvèti asirans jeneral ak asirans komèsyal. Asirans sa yo ap ranbouse ou pou pèt akòz vòl, inondasyon, dife oswa aksidan. Diskite avèk yon konseye oswa yon ajan asirans pou wè ki kalite asirans ak ki kantite pwoteksyon ou bezwen nan nivo sa a nan biznis ou an. Plis ou gen bagay pou pèdi, se plis li enpòtan pou ou gen asirans.

Moun ki pa pran asirans lè yo fenk ap demare souvan mete li pou pita jouk li twò ta, se sa ke ou pral li nan etid ka ki nan modil sa a. Pri asirans la ba lè ou konpare li ak avantaj li ofri yo. Menm si ou pa ta janm sèvi ak li, li ofri ou lapè nan tèt pou tout ane envestisman ou yo ki pa pral detwi nan yon moman.

Asirans gen limit li, men li espere pito ke ou pran prekosyon ki nesesè kont pèt yo. Si se neglijans ou ki lakòz pèt la, asirans gen dwa pa onore reklamasyon ou an. Se sak fè fòk ou saj.

Bondye se founisè ou, se li menm sèl ki merite tout konfyans ou. Men tou, asirans se youn nan bon bagay li bay nan biznis. Li kapab youn nan fason li vle bay pou pwoteje biznis ou.

Poze tèt ou keksyon(Pwoteje biznis ou ak yon asirans):

Ki pi gwo bagay ki ka vire mal nan biznis mwen an, èske gen yon asirans ki ka kouvri kalite pèt sa?

_____

_____

Kilès nan konseye mwen yo ki ka aprann mwen sou koze asirans epi refere mwen yon ajan asirans ke mwen ka fè konfyans?

_____

_____

Ki prekosyon mwen ka pran kont pèt yo?

_____

_____

Kilè epi konbyen asirans mwen bezwen?

_____

_____

Medite sou vèsè Labib sa yo(Pwoteje biznis ou ak yon asirans):

Bon konprann pote sekirite. Pwovèb 3:21-26 (NIV): _"Pitit mwen, kenbe pye konesans ou, pa pèdi konprann ou. Pa janm kite anyen fè ou_ *bliye yo. Y'ap ba ou lavi, y'ap fè lavi ou bèl tankou yon kolye ki pase nan kou ou.*

OU a fè chemen ou nan lavi san ou pa pè anyen. Ou p'ap janm bite sou anyen. Lè ou pral kouche, ou p'ap pè anyen. Lè ou a fin lonje kò ou, ou a dòmi nèt ale. Ou p'ap bezwen pè: malè p'ap rete konsa pou l' tonbe sou tèt ou. Ni tou, sa ki rive mechan yo p'ap rive ou. Paske se Seyè a ki tout espwa ou. Li p'ap kite ou pran nan pèlen."

Leson 5F: Chèche jwenn opinyon sou yon premye ti lansman

Swiv konsèy ekspè yo(Chèche jwenn opinyon sou yon premye ti lansman):

Anvan ouvèti pou gran piblik la, fè yon ti lansman ak fanmi, zanmi epi konseye ou yo. Kontinye mande yo opinyon yo pou ou kapab amelyore pwodwi ou yo ak fason ke ou livre yo. Si aou ap vann nan yon espas, chèche jwenn opinyon sou jan pwodwi yo dispoze, dekorasyon an, anbalaj pwodwi a ak prezantasyon li, apre sa, fè amelyorasyon ki nesesè yo ant premye ti lansman an ak gwo ouvèti a. Fè menm bagay la tou avèk sit entènèt ou ansanm ak paj Facebook ou.

Poze tèt ou keksyon(Chèche jwenn opinyon sou yon premye ti lansman):

Kilès mwen ap envite nan premye ti lansman an?

_____

_____

Ki keksyon mwen pral poze yo pou yo ka onèt avèk mwen nan kritik ak opinyon yo ?

_____

_____

Kilè mwen ap fè premye ti lansman an?

_____

_____

Ki preparasyon mwen dwe fè?

_____

_____

Medite sou vèsè Labib sa yo(Chèche jwenn opinyon sou yon premye ti lansman):

Moun ki sousye de ou ka ede ou wè kisa ki pap mache. Pwovèb 15:22 (NIV): *"Lè ou pa pran konsèy, plan travay ou p'ap mache. Lè ou pran konsèy nan men anpil moun, ou mèt sèten travay ou ap mache byen. "*

Leson 5G: Fè piblisite pou gwo ouvèti a

 *Swiv* konsèy ekspè yo(Fè piblisite pou gwo ouvèti a):

Kòmanse ak yon eksplozyon boum! Fè mesaj la pase nan tout fason ou kapab epi bay kèk espesyal (tankou prim pou moun ki prezan, echantiyon oswa rabè) pou ou atire moun yo. Fè yon dekorasyon espesyal, epi fè yon bon premye enpresyon ak jan ou akeyi moun ak bon kalite ou. Si sa posib, pan kontak premye kliyan ou yo pou ou ka enfòme yo lè ou gen espesyal ak nouvo pwodwi oswa sèvis pi devan. Fè konseye ou yo, fanmi ak zanmi ou yo vini pou sipòte ou tou. Bay materyèl maketing pou patisipan yo pote lakay yo pou yo ka aprann plis sou biznis ou an. "Gwo" pa vle di "pèfeksyon" pou sa, paske konpetans ou, ekipman yo, ak espas la se travay ou pral amelyore pou yon bon tan. Lè ou pran twòp tan pou fè lansman se pou ou ka kache laperèz ou genyen ak divès lòt kalite eskiz. Pa pè leve defi a; Seyè a avèk ou !

 *Poze* tèt ou keksyon(Fè piblisite pou gwo ouvèti a):

Ki tout fason mwen ka fè piblisite pou gwo ouvèti a?

_____

_____

Ki eksperyans mwen vle kliyan yo fè?

_____

_____

Ki espesyal mwen pral bay pou mwen ka atire yon foul moun?

_____

_____

Kijan mwen pral dekore espas la?

_____

_____

Kilè mwen pral fè gwo ouvèti a ak kisa ki ka fè mwen pè pou mwen pran twòp reta pou li fèt?

_____

_____

Ki materyèl maketing mwen pral distribiye?

_____

_____

Medite sou vèsè Labib sa yo(Fè piblisite pou gwo ouvèti a):

Li enpòtan pou fè preparasyon ak pwomosyon pou lansman Pwovèb 14:23 (NIV): *"Travay, ou a jwenn tou sa ou bezwen. Rete chita ap pale anpil ap rann ou pòv.. "*

Obsève jèn yo ki swiv konsèy: (NAN LÒT EDISYON AN)

Evite senk gwo erè sa yo:

1. Lè ou kòmanse ak yon lokal ke ou pa menm ka peye.
2. Lè ou pa anrejistre biznis ou nan biwo leta ki la pou sa.
3. Lè ou depanse twòp lajan nan gwo ouvèti a.
4. Lè ou pa enstale yon gwo ansèy ki vizib ase epi ki pwofesyonèl pou atire nouvo kliyan.
5. Lè ou pa pwoteje biznis ou ak yon asirans.

Devlope senk bon abitid sa yo:

1. Toujou kontinye amelyore zouti ou yo jiskaske ou gen pi

bon an.

2. Bati bon jan relasyon ak kliyan ou yo.
3. Peye taks ou.
4. Toujou kontinye travay pou make pwen pou fè vin fè w konfyans.
5. Toujou rankontre ak yon ofisye kredi labank.

Swiv vrè egzanp lavi jèn peyi Ondirans sa

Kat pitit fi Hector yo ap beni paske li se papa ke anpil moun ta renmen genyen. Hector David Euceda se yon gwo gason, men li an sekirite – li pi fasil pou dlo koule nan je li pase pou li bay yon kout pwen. Bèl souri li an pa montre dan li, men li montre pito kalite li ki se yon moun janti ak tou ki rezèv. Lè li ap souri je li yo prèske fèmen, men tou sa pa anpeche ou wè gwo sousi li yo ki tankou yon mòn. Ou ka wè bon kè li a tou nan fason li ap ede anplwaye ki nan difikilte yo ak rèv li genyen pou li fè yon sant pou reyabilite moun ki pran dwòg ak benefis biznis li a. Lè li te tande pale de zanmi nou Cereste, ki se yon Ayisyen ki te gen tèt kay boulanje li ki te detwi nan tranblemanntè 2010 la, li te retire touswit $ 200 ameriken nan bous li pou li te voye pou li rekonstwi li. Se konsa li se yon nonm ki jenere!

Hector menm gen plan pou li kreye 2,000 djòb pou li beni peyi li. Li gen anpil anbisyon an anpil imilite nan menm tan tou jan ke nou pral wè sa pi ba nan erè li admèt ke li fè yo. An reyalite, ou pral sitou aprann nan istwa sa a danje ki genyen lè ou pa swiv konsèy ekspè yo ki nan Modil sa a! Men sa Hector te pataje ak Odile Perez.

Izin fabrikasyon mèb Hector a boule rapyetè nan dat ki te 27 Oktòb 2015

Konsekans yo

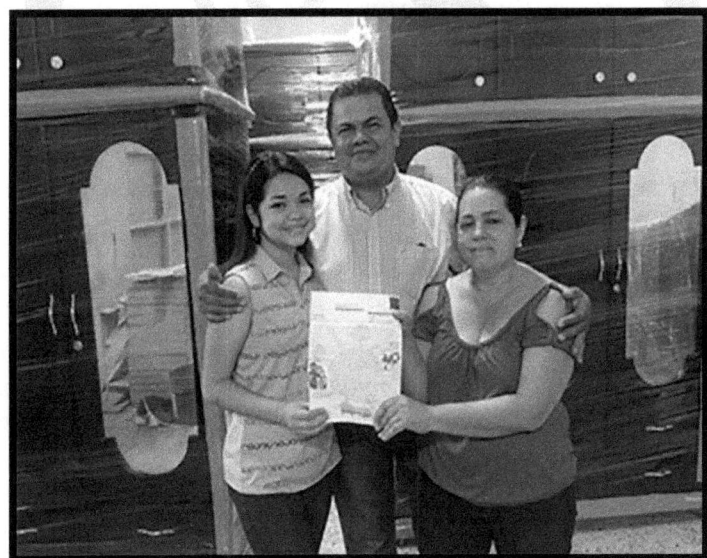

Hector ak madanm li, pitit li devan mèb yo frabrie yo.

Hector Euceda: *"Madanm mwen (Telma Munoz Colindres) ak mwen louvri yon biznis mèb nou te rele Muebles Ripressa nan mwa Janvye 2005 ak sèlman $ 5,000 Lenpiras ak yon machin nan kay sèl anplwaye nou te genyen an. Nou te kòmanse san anpil lajan, men avèk yon gwo rèv pou kreye anpil djòb pou peyi nou an. Dis lanne apre, nou te rive genyen 45 kliyan fidèl ki te achte pou $ 1 milyon dola Lenpiras mèb chak mwa. Men, malgre kwasans ak pwosperite nou, bagay yo pa t' ap fèt kòrèkteman. Sa a te vin parèt pi klè, nan dat 27 Oktòb 2015, lè yon dife tou limen te detwi tout bagay nan faktori nou an. Se te yon pwoblèm elektrik nan yon biznis ki te nan menm batiman ak nou ki te lakòz dife sa a. Erezman, pa te gen okenn moun nan faktori a paske nou te fèmen bonè nan jou sa a. Lè mwen te tande nouvèl la, mwen te resite priyè sa a:' Bondye ou konnen poukisa ou fè bagay yo. Tanpri ban mwen sajès ak fòs ou pou mwen jere sitiyasyon sa a. 'Lè mwen te rive nan depo a epi wè li nan flanm dife, mwen te santi mwen enkyete epi tris pou mwen te wè tout lanne travay nou yo pati nan flanm dife. Men, lwanj pou Bondye paske mwen te toujou santi yon santiman trankilite ak lapè.*

Mwen te genyen anpil dèt ki pa t' nesesè, nou te dwe 50% pi plis pase byen nou posede yo. Faktori nou an boule nèt, men dèt nou yo pa te boule ak li. Trajedi sa a te vin ekspoze reyalite nou an; nou te fè bagay yo ak anpil inyorans finansye epi ki te yo mache jan yo tap mache a. Malgre nou te resevwa konsèy nan men Creating Jobs Inc, nou pa te aplike yo ase nan li. Youn nan pi gwo erè nou te fè se te depi nan lanne 2015 nou te sispann peye asirans biznis nou an paske li pa te sanble enpòtan, sa ki te fè nou pi vilnerab lè malè a te rive: $ 4 milyon dola Lenpiras pèdi !"

Evan te fè nou remake menm jan Hector te ede boulanje Ayisyen an rebati, kounye a li te resevwa èd nan fanmi legliz li a, Creating Jobs Inc, ak lòt moun pou rebati pwòp biznis li. "Bay epi w ap resevwa" jan Jezi te di nan Lik 6:38 (NLT).

Hector kontinye pou li di: "Fwa sa a, nou te detèmine pou nou byen lanse nan respekte tout sa lalwa mande epi chèche bon konprann nan men yon konseye biznis nan legliz nou an (Saul Contrares, yo rakonte istwa li a nan modil 2 a)

Youn nan gwo etap yo se te jwenn yon kote ki apwopriye, espesyalman youn ki gen mwens ris pou li pran dife. Men kèk prekosyon nou te pran: nou gen pwòp transfòmatè pa nou, nou te pran bon jan pwofesyonèl elektrik pou pase fil kouran yo pou anpeche yon lòt chòk elektrik. Chak zòn travay gen pwòp estenktè pa li pou etenn dife, epi li tou pre youn nan sòti ijans yo. Epitou, kounye a nou pa pataje depo nou yo ak yon lòt antrepriz, konsa nou pa pral soufri pou erè yo ankò.

Nou te asire tou ke nouvo lokal nou an te nan yon pri abòdab, li te aksesib pou kliyan yo, epi li te gen ase espas pou pwodiksyon nou yo, biwo, ak sal pou ekspoze mèb yo. Li te pi gwo pase espas ki te boule a men li te nan mwatye pri li. Apre sa, nou te envesti $ 250,000 Lenpiras nan zouti, ki gen ladann senk machin ki ede nou fabrike 500 pyès mèb yon sèl kou. Nou te anplwaye ase moun ki gen bon jan ekspètiz teknik tankou: bòs chapant, bòs ki a fè amwa, bòs ki konn sable, bòs pent, ak atizan. Nou te travay avèk entelijans, men tou byen vit, sèlman yon mwa apre dife a nou te gen tan relanse. Nou te rele 12 kliyan prensipal nou yo pou di yo 'nou tounen nan biznis.'

Nou te finalman aprann kòrèkteman kijan pou jere finans nou ak pwoteje biznis nou an ak vijilans. Nou konprann ke nou dwe jere ris yo paske nou pa ka evite defi ak malè yo, se konsa nou fè anpil atansyon pou nou peye asirans nou an a lè! Malgre kounye a nou fè plis pridans lè nou ap pran desizyon yo, vizyon nou ap kontinye ba nou fòs pandan nou ap kenbe rèv sa a pou nou rive kreye 2,000 djòb. Siksè ap rive lè ou leve pou avanse pi devan, men ou mete konfyans ou nan Bondye pou fè sa. "

Lavi a pote anpil"move reyalite" nan vye mond sa, sa ki kapab kraze ou oswa fè ou vin gen plis bon konprann. Hector ak Telma te vin plis pridan nan jwenn bon jan enfòmasyon pou relansman yo an, men gwo rèv yo te genyen an pa janm te ale tankou lafimen. Ak gras Bondye a, ou menm tou ou ka fè atansyon nan planifikasyon lansman ou an pandan ou toujou reve gwo bagay Li ka fè nan ou.

Travay ak gwoup ou:

Divize klas la nan twa gwoup pou klase faktè sa yo lè ou ap chwazi yon kote pou vann pwodwi yo, kote youn (1) vle di "pi enpòtan" epi sèt(7) vle di "gen mwens enpòtans": pri abòdab, trè vizib, tou pre kay kliyan yo, tout pre kay antreprenè a, mèt kay la serye , gwo espas, ak yon lokal ki atiran. Fè gwoup yo pataje klasman yo ak tout lòt gwoup yo epi eksplike rezon yo.

Gid pou pwofesè a: distribiye plim ak papye epi fè chak gwoup chwazi yon moun pou ekri epi prezante klasman yo.

Aplike Modil sa ak:

PRIYÈ — Priye sou lè pou fòmalize biznis mwen an ak pou ede mwen gen konfyans nan Bondye pou li toujou bay malgre tout pil taks men wotè san rezon yo. Priye sou lè mwen pare pou demare (Gen de lè plis preparasyon gen mwens valè paske ou ap aprann plis lè ou ap fè biznis la tout bon.)

RECHÈCH — Chèche opsyon kote pou fè pwodiksyon epi vann tou.

KREYATIVITE — Ekri gwosè, anplasman, mesaj, koulè ak kalite ansèy pou lokal mwen an. Fè yon lis zanmi, fanmi, ak konseye pou envite nan premye ti lansman an.

AKSYON — Louvri kont chèk biznis mwen an. Chèche bank ki reponn ak bezwen mwen yo. Chèche kalite asirans mwen bezwen epi pran pwofòma kay de(2) ajan diferan. Fè planifikasyon, preparasyon epi òganize gwo ouvèti mwen an.

KLIYAN YO – Fè pwomosyon gwo ouvèti mwen an bay anpil kliyan potansyèl.

KONSEYE YO — Diskite sou ki ekipman map bezwen ak kijan pou mwen jwenn yo. Chèche jwenn èd pou konprann règleman gouvènman yo.

LAJAN —Balanse chekye ou chak jou. Fè yon bidjè pou lansman an, ak estimasyon montan pou lokal la, zouti yo, fòmasyon pwofesyonèl, pewòl pou anplwaye, taks gouvènman, lajan depo pou ouvèti kont yo, asirans ak gwo ouvèti a.

TAN — Nan kòmansman, mwen genyen plis tan pase lajan. Kidonk, mwen ap gade ki travay mwen ka fè pou kont mwen olye mwen peye yon founisè pou fè sa.

Pratike valè yo:

Entegrite — Lè ou respekte egzijans gouvènman, sa montre obeyisans ou ak Labib. Lè ou viv tankou moun ou pretann ou ye a, sa se definisyon entegrite menm.

Ekselans — Lè ou chèche genyen pi bon zouti, sa ap ede ou bay pi bon travay ki se yon fason pou imite bon travay Bondye.

Jesyon — Lè ou pwoteje biznis ou ak yon asirans, ou onore envestisman Bondye nan talan ou yo ak reponsablite ou pou pran swen fanmi ak anplwaye ou yo.

Diyite — Si fanmi ou ede ou nan demaraj la ak yon lokal oswa kèk ekipman, peye yon ti lajan pi devan pou ranfòse tèt ou tankou moun ki ap kreye valè – men ki pa jis pran li.

Evalye biznis ti jèn nan:
(NAN LÒT EDISYON AN)

Konklizyon:

Pou lanse yon fize nan lespas, sa mande plizyè etap ki banal epi ki enpòtan nan menm tan a ki ap pran tan epi mande anpil disiplin. Se menm bagay la tou pou biznis ou an. Pandan ke ou pral renmen kèk nan etap yo plis pase yon lòt, yo tout pral pèmèt ou reyisi. Nou swete ou bòn chans!

*Itilize Start*Book Plan a:

Kounye a ou fini ak modil sa a, tanpri ranpli Plan Liv Pou Demare ou an nan lòt paj la. Reflechi sou sa ou te aprann yo epi chwazi objektif ki enpòtan pou ou pou w aplike modil sa a nan biznis ou pandan 12 mwa ki ap vini yo. Ekri objektif ou, twa aksyon pou reyalize li, ak dat pou fè chak aksyon. Toujou gade Plan Liv Pou Demare a tankou yon zouti pou w devlope biznis ou.

*Start*Book Plan

Apèsi Modil la: Fè atansyon ak detay enpòtan sa yo pou ou kapab planifye yon lansman ki ap reyisi.

Objektif #1 "Lansman" pou 12 mwa ki ap vini yo:

3 pi gwo etap mwen pral fè pou mwen rive nan objektif la:

1.

Dat pou fini aksyon an: _____ Dat pou fini aksyon an:_____ Dat reyèl li fini an: _____

2.

Dat pou fini aksyon an: _____ Dat pou fini aksyon an:_____ Dat reyèl li fini an: _____

3.

Dat pou fini aksyon an: _____ Dat pou fini aksyon an:_____ Dat reyèl li fini an: _____

194

6. Kliyan Yo

Apèsi Modil la: Idantifye kliyan ideyal ou yo epi chèche bon mwayen pou mesaj la rive jwenn yo. Fè yo tèlman kontan ke yo menm pote zanmi yo ba ou.

Modil 6: KLIYAN YO

An nou gade apèsi modil la: Idantifye kliyan ideyal ou yo epi chèche bon mwayen pou mesaj la rive jwenn yo. Fè yo tèlman kontan ke yo menm pote zanmi yo ba ou.

Obsève jèn yo ki bezwen konsèy (NAN LÒT EDISYON AN)

Leson 6A: Idantifye kliyan ideyal ou yo

Swiv konsèy ekspè yo(Idantifye kliyan ideyal ou yo):

Olye pou ou eseye vann bay tout moun, chèche konnen ki kalite moun ki gen plis chans kontan achte pwodwi ou yo. Chèche konnen laj yo, sèks, estati maryaj, revni, okipasyon ak enterè yo. Yo ka pa moun tou. Si ou vann bay biznis yo ki itilize oswa revann pwodwi ou yo, aprann konnen ki gwosè ak kalite biznis ki bezwen solisyon ou an.

Youn nan pati ki enpòtan nan idantifye kliyan ideyal ou yo se kote yo lokalize. Vant ki bay plis benefis yo se sa yo ki tou pre ou paske kliyan yo achte sa yo bezwen tou pre lakay yo epi ou tap manke lespri anpil si pou ta voye al vann yon bato bonbon nan yon lòt peyi si ou ka vann yo tout isit la. Nou pap bliye tou ke livrezon pwodwi tankou lojisyèl yo sou entènèt la fè livrezon nan tout mond lan posib. Kidonk, deside ki gwosè ou vle teritwa mache ou ye.

Si ou eseye vann bay tout moun, ou ka fini pa vann pèsonn ditou. "Yon lame toupatou pa lame okenn kote" (Tzu, 2017). Se poutèt sa, ou dwe konsantre ou.

? *Poze* **tèt ou keksyon(Idantifye kliyan ideyal ou yo):**

Ki kalite moun oswa biznis ki montre plis enterè pou pwodwi oswa sèvis mwen yo?

_____

_____

Èske gen ase nan yo pou fè biznis mwen an toujou kontinye egziste?

_____

_____

Ki limit teritwa moun mwen konte vann bay yo?

 *Medite* sou vèsè Labib sa yo(Idantifye kliyan ideyal ou yo):

Evalye ak anpil sajès moun ou ap fè biznis avèk yo. Lik 14:31-32 (NIV): *"Konsa tou, si yon wa vle fè lagè ak yon lòt wa, premye bagay pou l' fè: l'ap chita pou l' egzaminen bagay la byen, pou l' wè si, avèk dimil (10.000) òm, li kapab mache kontre lòt wa a k'ap mache sou li ak venmil (20.000) òm. Si li pa kapab, antan lòt wa a lwen toujou, l'ap voye kèk mesaje bò kote l' pou mande l' fè aranjman."*

Leson 6B: *Ekri* mesaj piblisite pou solisyon ou an

 *Swiv* konsèy ekspè yo(Ekri mesaj piblisite pou solisyon ou an):

Apre ou fin idantifye kalite ak ki kote pi bon kliyan ou yo ye, ou ka pi byen fòme mesaj maketing ou yo pou yo rive jwenn yo. Yon bwochi pou pataje enfòmasyon sou biznis ou ak yon jèn timoun ki rete lavil ta dwe diferan pou yon kiltivatè ki rete an pwovens. Pale menm langaj ak yo. "Fè yo santi ou ap pale ak yo pèsonèlman." (Lee Murray) Montre kijan pwodwi ou yo rezoud pwoblèm kliyan ideyal ou yo epi satisfè bezwen yo.

Mesaj maketing ou an gen de pati.: "tit la" ak "kò mesaj la". Tit la se li menm ki pi enpòtan paske kliyan yo ap deside depi nan tit la si yo pral pran tan pou li kò mesaj la a. Fè li kout, yon bagay moun pa tap atann, fè li sou piblik ou vize a. yon tit ki sou fòm yon keksyon ka fè yo reflechi. Pa eseye di tout bagay, jis leve kiryozite yo pou yo ka kontinye li. Ekri plizyè tit posib, apre sa chwazi senk pi bon yo pou mande kliyan yo, paran ak konseye yo opinyon yo sou yo.

Jis anba tit ou a, kò mesaj la a ta dwe eksplike tit la epi montre valè pwodwi oswa sèvis la ka pote pou yo. Eseye rive touche yo nan nivo emosyon yo paske sèvo nou yo pran desizyon sou emosyon plis pase rezon. Sèvi ak yon istwa sou yo si sa posib. Sonje ki jan pifò piblisite itilize yon senaryo.

? *Poze* tèt ou keksyon(Ekri mesaj piblisite pou solisyon ou an):

Ki kalite mesaj ki ap pi byen touche kliyan ideyal mwen yo?

_____

_____

200

Ki kalite senaryo/istwa ki konekte yo ak solisyon mwen an?

_____

_____

Ki senk tit posib mwen te ka itilize?

_____

_____

Kilès ladan yo konseye, paran ak kliyan mwen yo di ki pi bon ?

_____

_____

Sou kisa mwen dwe konsantre mwen nan kò mesaj piblisite mwen?

_____

_____

Èske tit ak kò mesaj la byen ale ansanm?

_____

_____

Medite sou vèsè Labib sa yo(Ekri mesaj piblisite pou solisyon ou an):

Sa mande anpil efò pou ou konsantre ou sou sa ou ka fè pou lòt moun olye pou jis di nenpòt sa ki pase nan tèt ou. *Pwovèb 18:2(ESV): " Moun sòt pa pran plezi l' nan chache konprann. Tou sa l'ap chache se fè moun konprann li gen lespri"*

Leson 6C: Enprime materyèl piblisite ou yo

Swiv konsèy ekspè yo(Enprime materyèl piblisite ou yo):

Chèche konnen ki kalite materyèl piblisite kliyan ideyal ou yo itilize pou jwenn pwodwi tankou pa ou la. Ou ka bezwen enprime yon ti kantite nan sa yo pou wè si yo efikas: kat biznis, flayè, bwochi, anbalaj pwodwi ak afich. Mete logo ak eslogan ou sou chak. Ou dwe asire ou ke koulè nan grafik ou yo mache ak logo ou an. Enprime tout materyèl yo nan menm estil la, konsa yo ap byen ale ansanm. Ou pral bezwen ajiste longè kò mesaj piblisite a pou li ka adapte ak diferan fòma materyèl yo.

? *Poze* tèt ou keksyon(Enprime materyèl piblisite ou yo):

Ki kalite materyèl yo ki pral rive jwenn kliyan ideyal mwen yo?

_____

_____

Èske konseye mwen yo gen yon enprimri yo ka refere mwen?

_____

_____

Ki kalite koulè ki ale ak logo mwen an?

_____

_____

Ki grafik ki ale ak mesaj piblisite mwen an?

_____

_____

Ki bidjè mwen pou sa?

_____

_____

Medite sou vèsè Labib sa yo(Enprime materyèl piblisite ou yo):

Envesti nan konekte ak kliyan ou yo, ou pral jwenn rekonpans. 2 Korint 9:6 (ESV): *"Sonje sa byen: Moun ki simen ti kras va rekòlte ti kras. Moun ki simen anpil va rekòlte anpil. "*

Leson 6D: Devlope mwayen pou distribiye piblisite ou yo

Swiv konsèy ekspè yo(devlope mwayen pou distribiye piblisite ou yo):

Chèche konnen ki kote kliyan ideyal fè rechèch sou pwodwi ou an, apre sa make prezans ou la. Li ka gen ladan yon sit entènèt, yon paj Facebook ak reklam, Twitter, ak chanèl YouTube. Aprann sèvi ak sa yo nan yon fason ki efikas pou edike epi atire kliyan ou yo. Toujou ba yo enfòmasyon ak mete yon espas/bouton "Angajman" pou yo angaje avèk ou. Si ou rive bati konfyans nan jan ou ap edike yo sou pwoblèm yo ak solisyon ou yo, yo pral gen plis chans achte nan men ou. Chèche enfòmasyon sou kijan pou "ogmante kantite vizitè paj oswa sit entènèt biznis ou nan motè rechèch yo" epi sèvi ak dènye teknik yo pou amelyore klasman biznis ou sou Google.

Poze tèt ou keksyon(Devlope mwayen pou distribiye piblisite ou yo)::

Èske mwen pral monte yon sit entènèt pou kont mwen si mwen sèvi ak zouti ki gratis oswa ki pa chè yo oswa èske mwen gen mwayen pou mwen peye yon pwofesyonèl ki konn mote sit entènèt fè l' pou mwen?

_____

_____

Èske moun ki ap monte sit entènèt la konn kijan pou li amelyore klasman mwen sou?

_____

_____

Èske mwen pral vann sou sit entènèt la oswa sèvi ak li pou mwen ankouraje moun yo konekte avèk mwen pèsonèlman?

_____

_____

Ki enfòmasyon valab mwen ka bay sou entènèt la ki pral ranfòse kredibilite mwen kòm yon ekspè nan domèn mwen an?

_____

_____

Ki kalite rezo sosyal kliyan ideyal mwen yo itilize?

_____

_____

Ki plan mwen pou mwen ka make prezans mwen la?

_____

_____

Medite sou vèsè Labib sa yo(Devlope mwayen pou distribiye piblisite ou yo):

Gaye senn ou byen laj pou ou ka pran pi gwo pwason. Lik 5:4 (NIV): *"Lè li fin pale, li di Simon konsa: Vanse kannòt la plis nan fon; jete senn ou pou peche. "*

Leson 6E: Ale wè kliyan ideyal ou yo fas pou fas

Swiv konsèy ekspè yo(Ale wè kliyan ideyal ou yo fas pou fas):

Pa rete tann pou kliyan yo vin jwenn ou. Olye de sa, konsakre yon bon pati nan tan ou chak semèn pou ou ale rankontre yo fas pou fas. "Lè ou wè yo fas pou fas, se fason ki pi pèsonèl pou bati konfyans epi atire atansyon yo sou sa ki diferan nan pwodwi ou yo ak yon echantiyon gratis oswa yon ti demonstrasyon sou li" (Lee Murray). Sa ou bezwen ki pi enpòtan se toujou chèche nouvo kliyan, itilize majorite nan tan ou ak enèji kreyatif ou pou jwenn yo, epi fè kè yo kontan. Laperèz anpeche anpil nouvo antreprenè fè sa. Fè sa ki difisil la epi li pral vin pi fasil pou ou pi devan. Pran kouraj epi pa kite okenn distraksyon ak vye eskiz anpeche ou fè sa ki pral pèmèt biznis ou grandi. Sonje soti nan leson 1 G diferans ki genyen ant itil e ijan enpòtan nan tan? Sa a se tou de! Ou bezwen jwenn plis nouvo kliyan ranplase moun ki kite pou kèlkeswa rezon. Pran prekosyon nou ak repoze twòp sou yon kliyan kèk.

Poze **tèt ou keksyon(Ale wè kliyan ideyal ou ya fas pou fas):**

Si twa pi gwo kliyan mwen yo ta mouri jodia, èske biznis mwen an ap kontinye egziste?

_____

_____

Èske mwen genyen tout kliyan mwen bezwen yo epi mwen vle yo?

_____

_____

Si se non, èske gen yon bagay ki ta dwe yon pi gwo priyorite?

_____

_____

207

Konbyen èdtan nan semèn nan mwen ka rezève pou sa?

_____

_____

Ki jou nan semèn nan ki pi bon pou kliyan mwen yo?

_____

_____

Ki distraksyon ak laperèz ki ka anpeche mwen swiv plan sa?

_____

_____

Kilès ki ka ede mwen kenbe responsablite m' pou mwen swiv plan an?

_____

_____

Medite sou vèsè Labib sa yo(Ale wè kliyan ieyal ou yo fas pou fas):

Sa mande anpil kouraj ak matirite pou fè bagay ki difisil. Jozye 1:9 (NIV): *"Sonje lòd mwen te ba ou! Mete gason sou ou! Pa janm dekouraje! Ou pa bezwen tranble, ou pa bezwen pè, paske Seyè a, Bondye ou la, ap toujou kanpe la avèk ou kote ou pase . "*

208

Toujou genyen yon eskiz pou pran wout ki pi fasil la. Eklezyas 11:4
"Si ou ap gade sou van, ou p'ap janm plante. Si ou ap gade sou nyaj,
ou p'ap janm ranmase rekòt. "

Leson 6F: Chèche plizyè mwaye pou vann ak fè livrezon

Swiv **konsèy ekspè yo(Chèche plizyè mwayen pou vann ak fè livrezon):**

Gen plizyè fason ou ka vann tankou: pòt-a-pòt, telefòn, sit entènèt, Ebay, Etsy, Amazon, aplikasyon yo, revandè yo, mache deyò yo ak kyòs. Anjeneral ou ap pran direksyon pou yon sèl mwayen, men tou omwen ou dwe konsidere si gen yon bon opòtinite pou ou nan yon dezyèm oswa yon twazyèm fason pou fè sa. Pou kèk biznis, livrezon an separe de vant lan. Men kèk fason pou fè pwodwi yo rive jwenn kliyan yo: kyòs, magazen ki ap revann, livrezon pèsonèl, konpayi ki fè livrezon, ak sou telechajman sou entènèt. Li ta bon si plis pase yon sèl fason te ka posib paske kliyan renmen plizyè opsyon.

? *Poze* tèt ou keksyon(Chèche plizyè mwayen pou vann ak fè livrezon):

Ki kote kliyan ideyal mwen yo vle achte epi resevwa pwodwi mwen yo?

_____

_____

Kilès nan fason pou vann ak fè livrezon ki anlè a mwen ta dwe konsidere?

_____

_____

Nan men kilès mwen ka jwenn èd pou opsyon/mwayen mwen pa abitye avèk yo?

_____

_____

Ki mwayen livrezon ki pi ba pri pou mwen?

_____

_____

Kilès ladan yo mwen ap mete disponib pou kliyan mwen yo (nan plizyè pri ki diferan)?

_____

_____

Medite sou vèsè Labib sa yo(Chèche plizyè mwayen pou vann ak fè livrezon):

Chèche san kanpe kote pou ou vann, sa ap pote anpil rekonpans. 2 Tesalonik 3:7-8 (NIV): "Nou menm, nou konnen sa pou nou fè pou nou ka swiv egzanp mwen ba nou. Mwen pa te fè parese lè mwen te nan mitan nou. Mwen pa te kite pèsonn ban mwen manje pou granmesi. Okontrè, mwen te travay di, mwen te fatige kò mwen anpil, lajounen kou lannwit, pou mwen pa te sou kont nou youn. "

Leson 6G: *Ogmante* kantite vant ou yo

Swiv konsèy ekspè yo(Ogmante kantite vant ou yo):

Gade nan chak mwa depans fiks ou yo (Leson 4F) ak Maj benefis ou (Leson 4I) pou wè ki kantite vant ou bezwen pou kouvri depans ou yo. Pa egzanp, si ou vann pou 1000 pwodwi pou $ 11 / chak grenn nan mwa sa a, ou pral genyen $ 11,000 kòm lajan ki rantre.

Si depans fiks ak varyab ou yo rive egal jiska $ 10,000 pou mwa a, $ 1,000 sa ki pi wo pase pwen ekilib ou an se benefis ou, sa ba ou 9% pou maj benefis ou (1,000 / 11,000 = .09). Eske $1,000 sa a ase pou peye salè ou epi rive ekonomize sa ou te genyen pou objektif ou chak mwa (Leson 4A)? Si repons la se non, ki kantite lajan ki manke? Si li nan $ 90 konsa, ou pral bezwen vann pou yon lòt $ 1,000 (91 pwodwi)nan mwa pwochen an pou kouvri depans ou, salè, ak ekonomi. Si nou fè adisyon twa bagay sa yo ansanm, fikse objektif kantite vant ou pou chak mwa epi eseye depase sa ou te vann pandan menm mwa nan ane pase a. Pou ogmante kantite vant yo, ou pral bezwen anpil detèminasyon (Leson 1C), pase plis tan ak kliyan ideyal ou yo (Leson 6E), epi itilize teknik pou vann nou pral pataje pi devan nan Modil sa a.

Poze tèt ou keksyon(Ogmante kantite vant ou)

Èske kantite vant mwen yo chak mwa ap ogmante oswa yo ap bese, poukisa?

_____

_____

Èske kantite vant mwen genyen kounye a rive kouvri depans fiks mwen yo?

_____

_____

Èske yo rive reponn ak objektif mwen te fikse pou salè ak ekonomi?

_____

_____

Konbyen lajan an mwayèn kantite vant mwen yo rantre chak mwa ane sa?

_____

_____

Kisa mwen vle li ye lòt ane?

_____

_____

Kisa mwen pral fè pou mwen ogmante kantite vant mwen yo pou rive nan objektif mwen yo?

_____

_____

 *Medite* sou vèsè Labib sa yo(Ogmante kantite vant ou):

Si ou pa ale devan, se bak ou ap fè. Pwovèb 18:9 (NIV): *"Moun ki parese nan travay li se menm jan ak moun ki ap defèt sa ki ap fèt. "*

Leson 6H: Ankouraje kliyan ki deja la yo achte pi souvan

Swiv konsèy ekspè yo(Ankouraje kliyan ki deja la yo achte pi souvan):

Moun ki deja achte nan men ou yo se pi bon kategori moun pou revann ankò. Ou dwe ogmante konfyans sa (nou sipoze ke yo te fè yon bon eksperyans depi premye fwa!) nan ankouraje yo achte nan men ou ankò. Ou ka gen yon pwogram rekonpans pou kliyan ki achte pi souvan yo kote yo ka jwenn yon pwodwi gratis apre 10 acha. Oswa ou ka fè yon orè kote ou ap rele yo pou fè yo sonje tounen apre yon sèten tan (twa semèn pou koupe cheve, twa mwa pou yon chanjman lwil nan machin ou, sis mwa pou netwaye dan, elatriye). Si ou ofri yon sèvis tankou (pirifikasyon dlo,chanje kawotchou, oswa lavaj ak presyon), fè yo konnen apre premye vant la ke ou pral tounen vin bay yon enspeksyon gratis nan sis mwa. Sa pral ba ou yon okazyon pou bay plis rekòmandasyon ki ka rive fè ou vann yon bagay.

? *Poze* tèt ou keksyon(Ankouraje kliyan ki deja la yo achte pi souvan):

Kijan mwen pral fè kliyan ki te pase yo sonje ke mwen la pou mwen rezoud pwoblèm yo ankò ?

_____

_____

Konbyen fwa mwen pral envite yo pou retounen pi plis toujou?

_____

_____

Medite sou vèsè Labib sa yo(Ogmante kantite vant ou):

Lè ou fè kè kliyan yo kontan, sa ap fè yo retounen. *Lik 6:38 (NIV):* *"Bay, Bondye va ban nou. Li ap lage yon bon mezi, byen souke, byen foule, ak tout tiyon l', nan pòch rad nou. Mezi nou sèvi pou mezire lòt yo, se li menm Bondye va pran pou mezire nou tou. "*

Leson 6I: *Envite* kliyan yo achte pi plis nan chak vizit

Swiv konsèy ekspè yo(Envite kliyan yo achte pi plis nan chak vizit):

Sa mande anpil travay pou jwenn yon nouvo kliyan, kidonk, pa bliye ofri kliyan ou deja genyen yo plis solisyon oswa pwodwi. Mande kliyan ki achte youn nan pwodwi ou yo eseye lòt pwodwi ou yo ak sèvis yo. Fè sa byen bèl ak anpil sajès. Ou ka fè yo konnen lòt pwodwi ou nan plizyè fason: ou ka mete afich nan magazen ou a, bay yon rabè 5% pou moun ki eseye yon lòt nan pwodwi ou, ou ka di sa pèsonèlman, anonse nouvo pwodwi nan lèt ou voye pa imèl ou oswa paj Facebook ou.

Poze tèt ou keksyon(Envite kliyan yo achte pi plis nan chak vizit):

Èske mwen genyen plis pase yon pwodwi oswa sèvis?

_____

_____

216

Èske gen yon pwodwi mwen te ka ajoute ki ap mache byen ak biznis mwen an (pandan ke mwen ap itilize menm espas la, zouti ak anplwaye yo)?

_____

_____

Kijan mwen pral fè kliyan yo konnen lòt pwodwi ak sèvis mwen yo?

_____

_____

Kijan mwen pral mande yo ak anpil sajès pou achte plis?

_____

_____

Medite sou vèsè Labib sa yo(Envite kliyan yo achte pi plis nan chak vizit):

Valorize kliyan yo tout jan ou kapab pandan ou avèk yo Efèz 5:15-16 (NIV): *"Se sa ki fè, konnen ki jan pou n' mennen tèt nou! Pa mennen tèt nou tankou moun ki sòt, men tankou moun ki gen konprann. Pa kite okenn okazyon pase pou fè sa ki byen. Paske, jou sa yo n'ap viv la a pa bon menm..."*

Leson 6J: Bay yon sèvis kliyan ki ekstraòdinè

Swiv konsèy ekspè yo(Bay yon sèvis kliyan ki ekstraòdinè):

Kominikasyon anvan, pandan epi apre vant la genyen menm enpòtans ak vant la! Moun renmen relasyon, kidonk, yo vle epi bezwen atansyon ak entèraksyon zanmitay ansanm ak ou. Yo ap achte eksperyans la menm jan ak pwodwi a. Mande yo opinyon yo sou pwodwi yo epi itilize yo pou amelyore pwodwi ou yo.

Poze tèt ou keksyon(Bay yon sèvis kliyan ki ekstraòdinè):

Èske mwen trete kliyan mwen yo tankou moun oswa jis moun ki ap achte?

_____

_____

Èske mwen kontan pou relasyon mwen ak yo oswa mwen jis wè yo tankou distraksyon pou travay "reyèl" mwen an?

_____

_____

Èske mwen toujou souri epi di yo "mèsi"?

_____

_____

Èske mwen fè swivi apre vant la pou mwen konnen kijan eksperyans la te ye pou yo?

_____

_____

Èske mwen reyaji lè yo bay opinyon yo?

_____

_____

Medite sou vèsè Labib sa yo(Bay yon sèvis kliyan ki ekstraòdinè):

Imite ekselans Jezikri. Mak 7:37 (NIV): " *Moun yo te pi sezi ankò. Yo t'ap di: -Nonm sa a fè tout afè l' byen. Li fè moun ki soud yo tande, li fè bèbè yo pale.*"

Leson 6K: Fòk ou serye

Swiv konsèy ekspè yo(Fòk ou serye):

Toujou bay kliyan yo plis pase sa yo te ap atann nan pou rive gen konfyans yo. Pa fè konpwomi sou bon jan kalite pwodwi ou yo, livre pwodwi a byen epi a lè depi premye fwa a. "Bay yon pi bon sèvis chak fwa" (Lee Murray). Yo pral tounen achte ankò epi mennen zanmi yo. Sonje kijan karaktè ou enpòtan pou siksè biznis ou a?

Poze tèt ou keksyon(Fòk ou serye):

Èske mwen ap fonksyone dapre mesaj piblisite mwen yo oswa se te jis yon chantaj?

_____

_____

Èske mwen ap santi m' jennen si kliyan yo ta wè oswa tande mwen lè mwen ap fabrike pwodwi mwen yo?

_____

_____

Èske mwen vrèman ofri pwodwi ki gen bon jan kalite siperyè?

_____

_____

Medite sou vèsè Labib sa yo(Fòk ou serye):

Lè ou kenbe pwomès ou, sa pral ba ou yon gwo repitasyon. Pwovèb 20:6-7 (ESV): *"Anpil moun ap mache di jan yo se moun seryè. Men, ou pa fasil jwenn yon moun ou ka fè konfyans. Lè yon papa se moun serye, li fè sa ki dwat. Sa bon nèt pou pitit li yo."*

Pale klè epi kite aksyon ou yo swiv ou. Matye 5:37 (ESV): *"Men, lè ou ap pale se wi ak non pou ou genyen ase. Tou sa ou mete an plis, se nan Satan sa soti."*

Leson 6L: Korije erè ou yo

Swiv konsèy ekspè yo(Korije erè ou yo):

Lè yon kliyan gen yon bon rezon pou li pa kontan, pran mezi ki ekstraòdinè pou korije erè ou. Anpil fwa yo pral vin kliyan ki pi fidèl epi ki pale ak tout franchiz. Gen kèk ka kote erè ou an te tèlman grav ou ka bezwen ranbouse yo tout kòb la. Sa gen dwa fè ou mal, men se pi bon desizyon pou pran. Lajan an ki pèdi a pa pral bay pwoblèm pou anpil tan, men repitasyon ou ap dire pou tout lavi ou. "Menm lè ou pa panse ou te fè anyen mal, koute kritik kliyan yo san ou pa fè defans ou. Gade si gen 'yon ti verite' nan sa yo di a ke ou kapab itilize pou fè yon chanjman pozitif nan biznis ou "(Lee Murray).

Poze tèt ou keksyon(Korije erè ou yo):

Èske mwen ap eseye vann yon bagay rapid oswa mwe ap konstwi yon relasyon ki ap dire pou lontan?

_____

_____

Kisa mwen ka fè pou mwen evite repete menm erè yo bò kote kliyan yo pi devan?

_____

_____

Medite sou vèsè Labib sa yo(Korije erè ou yo):

Lè ou fè plis pase sa yo te ap atann pou dedomaje yon moun, sa ka retire move lide sou ou. Lik 19:8 (ESV): *"Zache leve kanpe, li di Jezi konsa: Koute, Mèt. Mwen pral bay pòv mwatye tout byen mwen genyen. Si mwen te twonpe yon moun pou m' pran lajan l', mwen pral rann li kat fwa lavalè."*

Leson 6M: Mande pou yo ba ou kèk referans

Swiv konsèy ekspè yo(Mande pou yo ba ou kèk referans)::

Kliyan yo renmen fè tèt yo plezi epi vante tèt yo pou acha yo fè. Itilize bon kote tandans sa paske moun yo ap plis fè eksperyans kliyan yo konfyans. Pase mesaj piblisite ou yo! Mande kliyan sa yo ki satisfè yo pou gaye nouvèl la epi ba ou kontak kèk moun yo konnen ki ka vin gwo kliyan pou ou. Pa bliye kontakte kliyan potansyèl sa yo epi remèsye moun ki te refere yo an. Ou ka ba yo yon ti kado pou di yo mèsi epi ankouraje yo kontinye fè sa. Pliske yo deja fè ou konfyans, mande tout zanmi, fanmi ak konseye ou yo pou konekte ou ak nouvo kliyan.

Poze tèt ou keksyon(Mande pou yo ba ou referans):

Kilès mwen ka mande pou refere mwen kèk moun semèn sa?

_____

_____

223

Kijan mwen ka fè sa rantre nan relasyon mwen genyen chak jou ak kliyan mwen yo ki jwenn satisfaksyon?

_____

_____

Ki kote mwen pral konsève enfòmasyon sou kontak sa yo?

_____

_____

Kijan pou mwen fè tèt mwen sonje pou mwen kontakte yo pou mwen ofri pwodwi ak sèvis mwen yo?

_____

_____

Ki kado ki pa chè mwen ka toujou genyen la pou mwen remèsye kliyan ki banm referans yo?

_____

_____

Medite sou vèsè Labib sa yo(Mande pou yo ba ou kèk referans):

Moun yo motive pou yo retounen ou favè a. Jenèz 41:9-14 (NIV): "*Se lè sa a, chèf kanbiz la di farawon an: -Koulye a mwen chonje mwen te fè yon fòt. Yon jou, monwa, ou te ankòlè sou sèvitè ou yo. Ou te fè mete yo nan prizon lakay kòmandan gad palè ou la. Se te mwen menm, chèf kanbiz ou a, ansanm ak chèf boulanje ou la. Yon jou lannwit, nou tout de nou reve. Chak moun te fè yon rèv diferan. Chak rèv te gen sans pa l'. Te gen yon jenn ebre avèk nou nan prizon an. Se te yon esklav kòmandan gad palè a. Nou rakonte l' rèv nou yo. Epi li esplike yo ban nou, li bay chak moun sans rèv li te fè a. tout bagay pase jan li te di a: Sou twa jou vre, farawon an te mete m' nan plas mwen ankò. Pou chèf boulanje a menm, li te fè pann li. Farawon an voye chache Jozèf. Yo fè l' soti byen vit nan prizon an. Jozèf fè labab, li koupe cheve l', li chanje rad, epi li parèt devan farawon an.*"

Leson 6N: Mande pou yo ekri kòmantè sou entènèt la

Swiv konsèy ekspè yo(Mande pou yo ekri kòmantè sou entènèt la):

Ou ta dwe mande chak kliyan ki satisfè yo, epi fè yo sonje sa sèlman yon fwa si sa nesesè, pou yo ekri yon ti kòmantè pou ou sou Google oswa lòt sit entènèt yo itilize nan sektè ou an. Fè sa tounen yon abitid. Li pa moral pou peye yo pou fè sa a oswa ekri kòmantè pou tèt ou. Si pi devan fè ou rive nan tèt klasman Google ak plis kòmantè senk-zetwal pase konpetitè ou yo, moun ap konnen ke yo ka fè ou konfyans anvan menm yo rankontre ou ! Sa a ka vin fason ou jwenn pi fò nan kliyan ou yo, epi yo ka vle peye yon pri ki pi wo.

 *Poze* **tèt ou keksyon(Mande pou yo ekri kòmantè sou entènèt la):**

Kijan mwen ka mete pratik sa nan relasyon mwen chak jou ak kliyan yo?

_____

_____

Konbyen kòmantè senk etwal mwen espere genyen pou ane a apati jodia?

_____

_____

 *Medite* **sou vèsè Labib sa yo(Mande pou yo ekri kòmantè sou entènèt la):**

Konfyans la vin pi fò lè lòt moun verifye ke ou serye. Detewonòm 19:15 (NIV): *"Depozisyon yon sèl temwen pa kont pou montre si yon moun fè yon krim, osinon yon bagay mal tout bon nan nenpòt akizasyon yo ta ka fè sou do li. Fòk gen de osinon twa temwen ki pou fè depozisyon kont li pou akizasyon an ka kenbe."*

Obsève jèn yo ki swiv konsèy: (NAN LÒT EDISYON AN)

Evite senk gwo erè sa yo:

1. Lè ou ap eseye vann tout moun olye pou idantifye epi sible kliyan ideyal ou yo.
2. Ekri mesaj piblisite ki plis pale de ou olye de sa ou fè pou kliyan yo.
3. Lè ou pa chèche konnen ki kote kliyan ideyal ou yo ap chèche pwodwi oswa sèvis ou yo.
4. Lè ou kite laperèz ak distraksyon anpeche ou ale wè kliyan potansyèl ou yo souvan.
5. Lè ou fè tout bisnis ou an repoze sou kèk grenn kliyan (se vre wi, si ou ta pèdi pi gwo kliyan ou an, sa ap yon gwo kou pou ou).

Devlope senk bon abitid sa yo:

1. Koute ak anpil atansyon epi reyaji sou kòmantè kliyan yo.
2. Toujou fè kliyan yo viv yon eksperyans ki pi bon pase sa yo te ap atann nan.
3. Mande kliyan ki satisfè yo pou ekri kòmantè sou entènèt la

pou ou epi refere ou kèk kliyan potansyèl.

4. Envite kliyan ou genyen deja yo achte pi souvan epi pou yo achte lòt pwodwi ou yo.

5. Toujou swiv epi ogmante kantite vant ou chak mwa.

Swiv vrè egzanp lavi jèn peyi Ondiras sa a:

Belinda Gonzalez se yon fanm ki renmen moun epi ki ankourajan, li fè moun yo santi yo trè enpòtan. Menm lè li gen 35 lanne nan biznis, li chèche konseye pou li kontinye aprann - menm nan men moun ki pi piti pase li. Sa a mande anpil kouraj. Koute jan li ap rakonte Odile Perez Eksperyans li ak kliyan yo.

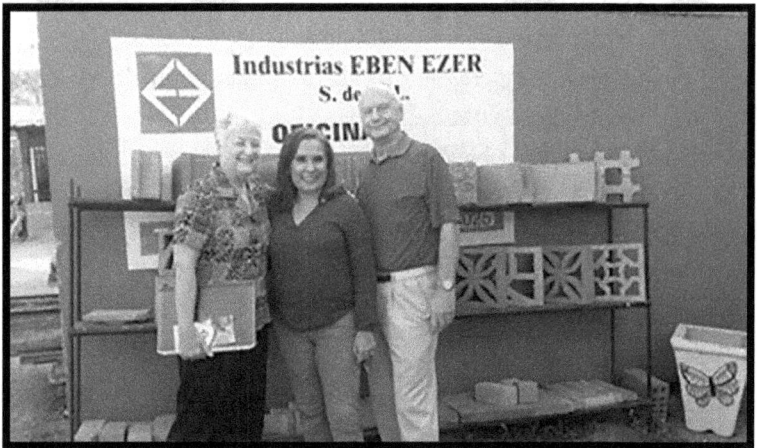

Belinda ak konseye Creating Jobs Inc li yo Carol ak Larry McGehe

Belinda Gonzalez: *"Nan Eben-ezer, ki se konpayi mwen an ki vann ekipman pou konstriksyon, nou te wè anpil nan kliyan nou yo vini epi ale ankò. An reyalite, anpil nan kliyan nou te genyen nan kòmansman yo pa achte nan men nou ankò. Chanjman sa a ki te toujou ap fèt te aprann nou enpòtans pou nou toujou kontinye ap atire nouvo kliyan epi sèvi sa ki deja la yo pi byen.*

Nou idantifye kliyan ideyal nou yo tankou enjenyè, achitèk, ak ti konpayi konstriksyon yo. Yon nouvo estrateji nou itilize pou rive sou nouvo kliyan sa yo se anvayi lekòl enjenyè ak lekòl achitekti yo ak piblisite sou konpayi nou an. Sa fè enjenyè ak achitèk yo nan tout peyi a gen enfòmasyon sou sèvis nou yo. Nou ofri tou echantiyon gratis ak kliyan potansyèl nou yo pou yo ka manyen epi santi bon jan kalite pwodwi nou yo. Sa a te rive fè nou jwenn anpil nouvo kontra.

Nou te kreye yon baz done detaye pou ede nou kenbe tras kliyan potansyèl ak sa ki deja la yo. Nou toujou ap voye yon ti lèt apa sou imèl yo epi rafrechi enfòmasyon ki sou paj rezo sosyal nou yo. Nou menm voye kat vityèl nan okazyon anivèsè yo, fèt Nwèl, ak menm Jounen mondyal enjenyè ak achitèk yo! Nou renmen fè yon ti efò an plis pou nou toujou rete an kontak.

Pandan tout ane yo, nou te mete ajou materyèl piblisite nou an ki gen ladan ansèy nou yo, kat biznis, flayèz, ak katalòg vityèl. Nan biwo nou an nou gen yon televizyon ki toujou ap fè pwomosyon pwodwi nou yo. Mwayen nou itilize pou nou fè piblisite yo gen ladan rezo sosyal yo, lèt nou voye pa imèl yo, vizit sou plas, fwa konstriksyon yo, ak magazin sou Chanm Konstriksyon an.

Pa twò lontan, yon konsèy Creating Jobs Inc te ba nou te fè nou rive rekòmanse yon pratik ki te fondamantal pou devlopman nou nan premye ane yo nan biznis nou an ki se: ale vizite sou plas kliyan potansyèl ak sa nou genyen kounye a yo. Pandan nou te rekòmanse a, nou te kontan wè kantite vant ke nou te reyalize. Menm si sa a pran anpil tan ak inisyativ, li te vin fè konpayi a respire yon nouvo souf. Nou rekòmande ou menm ti konsèy sa a paske li pral kenbe relasyon ou ak kliyan yo pi fre.

Nou toujou mande kliyan nou yo pou yo refere nou bay lòt moun. Nou ofri rabè ak kliyan nou yo ki refere lòt moun oswa ki fè pwomosyon pou pwodwi nou yo sou paj rezo sosyal yo.

Vant nou yo fèt atravè maketing nan telefòn, rezo sosyal yo, fwa, vizit sou plas, ak nan biwo nou an. Kliyan ka vin pran acha yo fè nan biwo nou an oswa nou ka livre yo pou yo. Objektif nou se fè pwosesis pou pran ak fè livrezon vin pi pratik pou kliyan nou yo.

Nou te aprann ke pi bon fason pou kenbe kliyan ke ou deja genyen ak jwenn nouvo kliyan yo se nan bay bon sèvis. Nou fè sa nan kenbe pwomès nou yo, nan rekonèt erè nou yo, ak ranplase pwodwi ki domaje yo gratis. Nou vizite sit konstriksyon ki ap itilize pwodwi nou yo tankou yon fason pou nou fè swivi ak rekòmande pi bon fason pou yo enstale pwodwi nou yo. Pa gen anyen ki pi bon pase yon kliyan ki satisfè, ki rete fidèl epi ki vle rekòmande nou bò kote lòt moun oswa konpayi yo gen enfliyans sou yo. Men, nou pa ka atann pou yo fè tout travay la; nou dwe kontinye chèche nouvo kliyan pandan nou ap toujou satisfè sa nou genyen kounye a yo. Pa janm dekouraje paske toujou gen yon nouvo fason pou rive jwenn nouvo kliyan yo. Se poutèt sa, ou dwe toujou kontinye avanse ak inove. "

Li fasil pou santi ou satisfè apre ou fin atire yon bon kantite kliyan. Jan nou sot wè li ak Belinda, sekrè a se kenbe oswa reprann santiman ijans sa a ou te kòmanse avèk li a pou ou toujou ap chèche kliyan. Nou ka remake jan li genyen yon konpòteman ki pèsistan nan tout efò li yo pou atire ak satisfè kliyan li yo. Li se yon gwo egzanp moun ki eseye anpil apwòch diferan epi ki toujou ap fè travay k byen mache.

Travay ak gwoup ou:

Carlos ap kòmanse yon biznis pou fè ansèy ak banyè pou ti biznis yo nan yon gwo vil. Ki kote kliyan ideyal yo pral gade pou yo jwenn sèvis li yo? Ki materyèl piblisite li ta dwe kreye ak ki fason li ap itilize pou distribiye yo pou yo yo rive jwenn kliyan ideyal sa yo? Reli pati sa yo sou konsèy ekspè yo: "Enprime materyèl piblisite ou" ak "Kreye fason pou distribiye piblisite ou". Fè plizyè gwoup ki genyen 3-4 moun ladan yo pou diskite sou sa. Apre sa a, envite kèk moun pami yo pataje refleksyon yo ak tout klas la.

Gid pou pwofesè a: Li keksyon yo pou yo anvan pou yo ka koute konsèy ekspè yo avèk sitiyasyon Carlos la nan tèt yo.

Aplike modil sa ak:

PRIYÈ — Mande Bondye kouraj pou mwen ale vizite kliyan potansyèl mwen yo epi mande yo pou yo achte. Mande pou mwen genyen kreyativite lè mwen ap ekri mesaj piblisite mwen yo.

RECHÈCH — Chèche konnen moun ki gen plis chans pou achte pwodwi mwen yo epi ki kote yo pral gade pou jwenn yo.

KREYATIVITE — Ekri senk "tit" epi chèche jwenn kritik sou yo. Ekri "kò" mesaj piblisite mwen an.

AKSYON — Ale vizite kliyan ideyal mwen yo pou bati relasyon avèk yo. Deside ki kalite materyèl maketing mwen bezwen epi travay avèk yon enprimant pou fè yo. Deside ki zouti sou entènèt mwen bezwen epi travay ak founisè yo pou reyalize yo.

KLIYAN YO — Ekri deskripsyon kliyan ideyal mwen yo. Fè yon lis 100 kliyan ideyal. Mande ansyen kliyan mwen yo pou yo achte ankò epi achte lòt pwodwi mwen ap ofri yo. Nan kat pwochen semèn yo, mande chak kliyan kijan eksperyans la te ye lè yo te achte nan men mwen ak kisa mwen te kapab fè pi byen, apre sa a, fè nenpòt chanjman ki ta nesesè. Mande kliyan ki satisfè yo pou bay referans ou ak ekri yon ti kòmantè sou entènèt la.

KONSEYE YO — Poze keksyon sou eksperyans yo nan vann ak sèvi kliyan, espesyalman kijan pou jere sa lè yon kliyan pa satisfè.

LAJAN — Swiv kantite total mwen vann chak mwa epi fikse yon objektif pou mwen ogmante vant yo. Mwen dwe konsidere si mwen vle pèdi lajan pou konsève yon relasyon lè mwen bezwen ranje yon pwoblèm ak yon kliyan.

TAN — Rezève tan pou ekri mesaj maketing mwen an. Rezève tan pou vizite kliyan potansyèl mwen yo plizyè fwa nan semèn nan. Menm apre mwen fin fè vant la, mwen ap pase yon ti tan anplis ak kliyan mwen yo pou montre ke mwen sousye de yo.

Pratike valè yo:

Entegrite — Lè ou serye ak kliyan ou yo, sa montre ou imite karaktè Jezikri. Lè ou toujou ap ofri pi bon sèvis, kliyan yo satisfè epi sa vin fè yo fè ou plis konfyans.

Ekselans — Lè ou fè tout sa ou kapab pou byen sèvi kliyan yo, ou jwenn lajwa Nan reflete tou piti pèfeksyon Bondye.

Jesyon — Li saj pou chèche konnen kilès ki plis bezwen pwodwi ou yo.Lè ou konekte biznis ou an ak moun li ka pi byen sèvi yo, ou akonpli objektif Bondye pou sa.

Diyite — Bondye se relasyon an menm, se menm bagay pou mond lan Li te kreye a. Se pou rezon sa a, plis relasyon biznis ou yo pèsonèl se plis yo pral satisfè moun. Se konsa a, lè ou ale wè kliyan ideyal ou yo an pèsonn, ou onore valè yo tankou moun.

Evalye biznis ti jèn nan: (NAN LÒT EDISYON AN)

Konklizyon:

Si ou pa toujou satisfè ase kliyan, ou pa pral rete nan biznis pou lontan. "Si biznis ou te yon sistèm solè, kliyan ou yo ta dwe solèy ou – ou dwe asire ou ke tout bagay vire alantou yo" (Lee Murray). Kidonk, itilize tout bon jefò ou nan jwenn kliyan ideyal ou yo epi ofri yo yon sèvis ki enkwayab. Si ou renmen vwazen ou byen, yo pral renmen ou tou menm jan! Kliyan yo renmen pale, yon bon repitasyon se pral pi gwo avantaj ou.

Itilize *Start*Book Plan a:

Kounye a ou fini ak modil sa a, tanpri ranpli Plan Liv Pou Demare ou an nan lòt paj la. Reflechi sou sa ou te aprann yo epi chwazi objektif ki enpòtan pou ou pou ou aplike modil sa a nan biznis ou pandan 12 mwa ki ap vini yo. Ekri objektif ou, twa aksyon pou reyalize li, ak dat pou fè chak aksyon. Toujou gade Plan Liv Pou Demare a tankou yon zouti pou ou devlope biznis ou.

*Start*Book Plan

6. Kliyan Yo

Apèsi Modil la: Idantifye kliyan ideyal ou yo epi chèche bon mwayen pou mesaj la rive jwenn yo. Fè yo tèlman kontan ke yo menm pote zanmi yo ba ou.

Objektif #1 "Kliyan Yo" pou 12 mwa ki ap vini yo:

3 pi gwo etap mwen pral fè pou mwen rive nan objektif la:

1.

Dat pou fini aksyon an: _____ Dat pou fini aksyon an:_____ Dat reyèl li fini an: _____

2.

Dat pou fini aksyon an: _____ Dat pou fini aksyon an:_____ Dat reyèl li fini an: _____

3.

Dat pou fini aksyon an: _____ Dat pou fini aksyon an:_____ Dat reyèl li fini an: _____

7. Devlopman

Apèsi Modil la: Planifye lòt etap ou yo pou mete Liv Pou
Demare a an pratik. Deside si ou vle grandi soti nan
antreprenè pou kont ou pou rive PDG yon gwo konpayi.

Modil 7: DEVLOPMAN

An nou konsidere apèsi modil la: Planifye lòt etap ou yo pou mete Liv Pou Demare a an pratik. Deside si ou vle grandi soti nan antreprenè pou kont ou pou rive PDG yon gwo konpayi..

Obsève jèn yo ki bezwen konsèy: (NAN LÒT EDISYON AN)

Leson 7A: Revize epi aplike Liv pou Demare a

Swiv konsèy ekspè yo(Revize epi aplike Liv pou Demare a):

Ranpli Gwo Plan Liv pou Demare a (nan paj 221) ak yon fraz dekri lòt etap yo pou chak pwen sa yo: OU MENM, SOLISYON, MOUN YO, LAJAN, LANSMAN epi KLIYAN YO.

Gwo plan Liv pou Demare a se tankou plonje nan lanmè

Roatan(peyi Ondiras). Li se yon fason rapid pou navige nan sifas lanmè a. Men si ou bezwen eksplore resif koray yo, ou bezwen plonje pi fon, sa ki mande plis tan ak efò. Se poutèt sa, ou dwe konsakre mwatye jounen pou fè plan detaye pou chak grenn nan sis etap sa yo pandan ou ap sèvi avèk plan Liv Pou Demare a (nan paj 223). Sa a pral ba ou yon vizyon global sou kote ou vle rive ak biznis ou.

Pou fè sa, konsilte Liv pou Demare a, espesyalman nòt ou te ekri nan pati "Poze tèt ou keksyon" yo. Deside kilès nan aksyon sa yo ou ta renmen reyalize nan 12 mwa ki ap vini yo. Louvri yon nouvo dokiman sou yon òdinatè oswa nan yon kaye, ekri pou piti dis aksyon pou chak grenn nan sis premye modil yo. Lè ou fini, revize yo epi chwazi twa sa yo ki pi enpòtan nan chak modil. Ekri yo nan Plan Liv pou Demare ou a, apre sa a, ajoute dat ou planifye pou reyalize chak objektif. Mete Plan Liv Pou Demare ou an ki fin ranpli nan yon kote ou pral wè yo chak jou, epi revize pwogrè ou fè yo yon fwa chak semèn pandan ou ap planifye semèn ki ap vini an - kidonk, ou aktyèlman planifye priyorite ou yo (Leson 1G). Repete pwosesis sa a yon fwa chak ane pou mete ajou plan ou yo. Kalite efò sa a mande yon angajman ki solid. Rezon an se paske lè ou ekri plan biznis ou an li gen de fwa plis chans pou li reyisi! (dapre yon atik Small Biz Trends: "Yon plan biznis double chans ou pou fè siksè", 20 Janvye 2016, otè a se Rieva Lesonsky https://smallbiztrends.com/2010/06/business-plan- success-twice-as-likely.html)

Pataje Gwo plan ak Plan Liv Pou Demare ou an ak konseye ou yo epi paran ou, mande yo konsèy yo, responsablite yo ak lapriyè yo pou nouvo biznis ou an.

**? ** *Poze* tèt ou keksyon(Revize epi aplike Liv pou Demare a):

Lè mwen ap gade Gwo Plan Liv Pou Demare mwen an ki fin ranpli a, kisa nan sis pati yo mwen fò oswa mwen gen feblès ladann?

_____

_____

Ki etap ki pral objektif prensipal mwen nan twa mwa ki ap vini yo?

_____

_____

Ki pi gwo bagay mwen aprann nan *Liv Pou Demare* a?

_____

_____

Kilè mwen pral pran demi jounen pou mwen fikse objektif pou 12 mwa ki ap vini yo ak Plan *Liv Pou Demare* a?

_____

_____

Apre mwen fin ranpli sa, kisa mwen te aprann nan pwosesis la?

_____

_____

Nan men kilès mwen pral chèche kritik ak bagay ki pou ede mwen
pran responsablite mwen?

_____

_____

Ki kote mwen pral mete Plan *Liv Pou Demare* mwen an pou mwen
ka wè li chak jou?

_____

_____

Kijan mwen pral fè tèt mwen sonje pou mwen revize li yon fwa
chak semèn epi repete pwosesis planifikasyon an yon fwa chak ane?

_____

_____

Medite sou vèsè Labib sa yo(Revize epi aplike Liv pou Demare a):

Responsablite ap vini gras ak aksè ou genyen pou jwenn konsèy ekspè yo pou demare yon biznis. Lik 12:48 (NIV): *"Men, yon domestik ki pa konn sa mèt li vle, lèfini ki ap fè bagay ki merite pou yo bat li, yo ap bay domestik sa a de twa kou sèlman. Moun yo bay anpil, yo ap mande li anpil tou. Moun yo mete responsab anpil bagay, yo ap egzije plis ankò nan men li."*

Bondye fè moun ki fèb yo reyalize gwo bagay. Ebre 11:32-34 (NIV): *"Kisa m' ta di nou ankò? Se tan mwen pa genyen pou m' ta pale nou sou Gedeyon, Barak, Samson, Jefte, David, Samyèl ak tout pwofèt yo. Ak konfyans yo te gen nan Bondye a, yo goumen, yo pran peyi lòt moun nan men yo, yo gouvènen san patipri, yo resevwa sekou Bondye te pwomèt la. Yo fèmen bouch lyon yo. yo touye gwo gwo dife, yo chape anba men moun ki te vle touye yo ak nepe. Yo te fèb, men yo vin gen fòs, sa te rann yo vanyan anpil nan lagè, kifè yo te ka kraze lame etranje yo. "*

Bondye ranfòse aksyon ou ki ranpli ak lafwa. 2 Tesalonik 1:11 (NIV): *"Se poutèt sa, mwen p'ap janm sispann lapriyè pou nou. M'ap mande Bondye pou l' ede nou pou nou viv yon jan ki dakò ak lavi li mande nou pou nou viv la. M'ap mande l' pou li ban nou pouvwa li, pou nou ka fè tout byen nou vle fè, pou nou fin reyalize nèt travay n'ap fè ak konfyans nan Bondye.."*

Bon jan planifikasyon ak travay di ap ba ou pwosperite, men lè ou prese pou pran chimen ki kout sa ka rann ou pòv. Pwovèb 21:5 (NIV): *"Lè ou pran san ou pou ou travay, tou sa ou ap fè ap ba ou benefis. Men, lè ou twò prese, ou p'ap janm gen anyen. "*

241

Li saj lè ou soumèt plan ou yo devan Bondye nan lapriyè. Jak 4:13-15 (NIV): *"Kounye a, se ak nou mwen ap pale, nou menm ki ap di: jodia osinon demen, nou pral nan tèl lavil. Rive la, nou va pase yon lanne, nou va fè kòmès ak anpil benefis. Nou pa menm konnen sa lavi nou va ye denmen. Lavi nou tankou yon nyaj. Li parèt pou yon ti tan. Apre sa, li disparèt. Okontrè, men sa pou nou te di: Si Bondye vle, nou va wè denmen, no va fè sa osinon sa."*

Sa ki konte se respekte plan ou yo Pwovèb 14:23 (NIV): *"Travay, ou va jwenn tou sa ou bezwen. Rete chita ap pale anpil ap rann ou pòv."*

Leson 7B: Pran angajman pou devlope

 *Swiv* konsèy ekspè yo(Pran angajman pou devlope):

Bagay ki an sante toujou ap devlope, se konsa biznis ou ta dwe ap grandi tou. Si ou pap vanse pi devan, konpetitè ou yo ap jwenn fason pou pran kliyan ou yo. Yon bon devlopman kapab fèt vit oswa dousman, li kapab se nan gwosè oswa bon jan kalite.

Defini kilès nan sa yo ki se pi bon fason yo pou ou *agrandi* biznis ou: elaji biznis ou sou plis teritwa nan peyi a, vann ak plis kliyan nan zòn mwen ye kounye a, oswa vann plis lòt kalite pwodwi ak sèvis ak kliyan mwen deja genyen yo.

Defini kilès nan sa yo ki se pi bon fason pou ou devlope *bon jan kalite sèvis* nan biznis ou: devlope karaktè ou, kontinye amelyore pwodwi ou yo, pi bon relasyon ak anplwaye ak founisè, pi bon vo sistèm, pi bon mesaj maketing ak materyèl, devlope konpetans ak lidèchip anplwaye yo ak travay an ekip, mwens dèt, plis ekonomi, pi bon ekipman, mwens gaspiyaj, ak pi bon satisfaksyon pou kliyan yo.

? *Poze* tèt ou keksyon(Pran angajman pou devlope):

Èske mwen pran anganjman pou grandi oswa mwen satisfè ak jan mwen ye a?

_____

_____

Kijan mwen pral *agrandi* biznis mwen a?

_____

_____

Kijan mwen pral devlope *bon jan kalite sèvis* biznis mwen an?

_____

_____

Medite sou vèsè Labib sa yo(Pran angajman pou devlope):

Toujou avanse. Filip 3:13-14 *(NIV):* " *Se vre wi, frè m' yo. Mwen pa kwè mwen deja mete men m' sou kote m' dwe rive a. Men, mwen gen yon sèl bagay pou m' fè, se pou m' bliye tou sa ki dèyè m' pou m' fè jefò pou m' mete men m' sou sa ki devan m' lan. Konsa, m'ap kouri dwat devan m' sou mak kote m' prale a, pou m' ka jwenn rekonpans Bondye rele m' vin resevwa nan syèl la, gremesi Jezikri.. "*

Grandi nan ekselans fè Bondye plezi. Kolos 3:23 (ESV): *"Nenpòt travay yo ban nou fè, fè l' ak tout kè nou tankou si se pa pou lèzòm nou t'ap travay, men pou Seyè a. "*

Lè ou miltipliye talan Bondye ba ou, sa pote lajwa ak anpil rekonpans. Matye 25:20-21 (NIV): *"Domestik ki te resevwa senkmil goud la pwoche, li pote senkmil goud benefis la ba li, li di: Mèt, ou te ban mwen senkmil goud. Men senkmil goud benefis mwen fè. Mèt la di l': Sa se bèl bagay. Ou se yon bon domestik ki travay byen. Paske ou fè ti travay sa a byen, m'ap mete ou reskonsab pi gwo zafè toujou. vin fè fèt avèk mèt ou."*

Leson 7C: Kontinye aprann ak Liv pou Devlope a*(GrowBook)*

Swiv konsèy ekspè yo(Kontinye aprann ak Liv pou Devlope a(*GrowBook*):

Apre ou fin lanse biznis ou epi kòmanse aplike pi fò prensip nan liv sa a, kòmanse li *Liv pou Devlope* a ke nou te ekri pou ede ou devlope ti biznis ou fenk demare a pou li tounen yon gwo biznis. Creating Jobs Inc te ekri *Liv pou Devlope* a pou li itilize apre *Liv Pou Demare* a. Li pral ede ou fè tranzisyon soti nan nivo teknisyen ki ka fè yon pwodwi rive yon PDG ki ap devlope anplwaye, fè yo tounen gwo lidè epi ba yo responsab anpil nan operasyon yo, sa ap vin fè ou lib pou ou konsantre ou sou inovasyon ak estrateji. Se diferans sa ki genyen ant travay "nan" biznis ou ak travay "sou" biznis ou.

Kounye a, ou fin monte yon biznis ki ap mache, Liv pou Devlope a (*GrowBook*) pral ede ou pran yon lòt etap pou tounen gade kisa vrè vizyon, misyon, ak valè antrepriz ou an ta dwe ye. Sa a tap yon egzèsis san valè si ou pa te reyèlman sèvi ak yo. Men toujou sonje ke ou ap patisipe nan kreye kijan demen ap ye! Dokiman enpòtan sa yo de baz ki ap pèmèt ou menm ak anplwaye ou yo travay nan menm direksyon pou nou kreye yon bagay ki ekstraòdinè. Vizyon, misyon, ak valè yo ta dwe itilize pou fòme objektif ou sou yon ti bout tan ak yon tan ki pi long, moun ou ap anboche, ak fason ou travay chak jou.

Liv pou Devlope a esplike tou nan plis detay kijan pou devlope sistèm, ankouraje inovasyon, fabrike pwodwi ou, rafine imaj konpayi ou a, ak ogmante kantite vant ou. Avèk anplwaye ou yo, *Liv pou Devlope* a ap ede ou devlope: lidè, travay an ekip, ak koekipye ki sousye pou antrepriz ou an. Konsènan lajan, *Liv pou Devlope* a ale pi fon nan sikilasyon lajan kach, estrateji pou fè ekonomi, negosyasyon bon kontra, itilizasyon eta finansye, ak rezistans kont koripsyon. Yon modil ankè sou kijan pou rebay kominote a esplike kijan pou konseye lòt antreprenè ak sèvi ak tan ou, talan, ak trezò. Ou ka itilize *Liv pou Devlope* a pou kont ou avèk yon lòt gwoup antreprenè. Li epi aplike anpil lòt liv ak atik sou biznis. Jan nou te diskite nan Leson 1C, engredyan sa yo ap pèmèt ou kreye nouvo resèt jeni ou gen pou kreye!

Poze tèt ou keksyon(Kontinye aprann ak *Liv pou Devlope* a):

Èske mwen vle sèlman kreye yon travay pou tèt mwen oswa yon konpayi kote anpil moun pral fè pwogrè?

_____

_____

Èske mwen vle fòme anplwaye epi fè yo konfyans pou yo fabrike pwodwi mwen yo, yon fason pou mwen ka konsantre mwen sou devlopman biznis mwen an ?

_____

_____

246

Èske mwen prè pou devlope dokiman de baz yo, aprann itilize eta finansye yo ak devlope sistèm ki pi solid, epi itilize biznis pou mwen sèvi kominote mwen an?

_____

_____

Si repons mwen se "Wi", kilè mwen pral kòmanse li Liv pou Demare a (*GrowBook*)?

_____

_____

Èske mwen pral travay sou li ak lòt antreprenè?

_____

_____

 *Medite* sou vèsè Labib sa yo(Kontinye aprann ak *Liv pou Devlope* a):

Lidè ki saj chèche lòt moun pou yo aprann nan men yo. Pwovèb 24:5-6 (NIV): *"Pito ou gen bon konprann pase ou gen fòs. Wi, moun ki gen konesans vo plis pase moun ki gwonèg. Paske, se pou ou ranje plan ou anvan ou antre nan batay. Plis ou gen moun k'ap ba ou konsèy, plis ou gen chans pou ou genyen batay la. "*

Jezi se egzanp ou nan zafè kontinye aprann. Lik 2:52 (NIV): *"Jezi t'ap devlope, li te vin gen plis lespri toujou, li t'ap aji yon jan ki te fè ni Bondye ni lèzòm plezi."*

Obsève jèn yo ki swiv konsèy: (NAN LÒT EDISYON AN)

Evite senk gwo erè sa yo:

1. Lè ou kite bagay ijan yo anpeche ou fikse objektif ou yo ki se yon disiplin ki enpòtan anpil.
2. Lè ou pa priyorize objektif ou yo.
3. Lè ou pa divize gwo objektif yo nan lòt ti etap ak dat pou reyalize yo.
4. Lè ou bliye reyalize objektif ou yo.
5. Lè ou santi ou annwiye apre biznis ou fin etabli olye ke ou jwenn kè kontan nan fason pou amelyore li pi byen chak jou.

Devlope senk bon abitid sa yo:

1. Pran demi jounen pou aktyalize Plan Liv Pou Demare Plan ou an yon fwa chak ane.
2. Afiche Plan Liv Pou Demare ou an yon kote pou wè li chak jou.

248

3. Revize pwogrè ou fè yo yon fwa chak semèn epi planifye aktivite ou pou semèn ki ap vini an.
4. Toujou kenbe nan tèt ou jan ou planifye pou devlope biznis ou nan gwosè ak an kalite sèvis.
5. Li epi aplike yon Modil nan Liv pou Devlope a chak mwa.

Swiv vrè egzanp lavi jèn peyi Ondiras sa:

Se depi li te gen twa lanne, yon ti fi ki te ap viv nan yon katye danjere te jwenn sipò atravè pwogram parenaj Compassion Entènasyonal la. Non li se Joyce. Lè li te gen 12 lanne, li te kòmanse aprann koupe cheve ak fè zong nan pwogram Compassion legliz li a. Sa se egzakteman kalite opòtinite li te bezwen, epi devine kisa li te fè apre sa? Pliske travay se pa te yon bagay ki te fasil nan katye a, Joyce te kòmanse pwòp salon bote li! Li te pran angajman pou li aprann fè travay difisil sa ki se jere yon biznis nab yon fason ki efikas. Pou yon jèn adolesan, li te travay avèk dilijans pou amelyore epi devlope biznis li pi byen sou yon peryòd senk lanne. Rezilta a se ke kounye a li gen 3 anplwaye, li ap sèvi 80 kliyan nan yon semèn, epi li kontinye ap devlope biznis li!

249

Joyce ak konseye li

Kliyan Joyce yo soti toupatou, genyen nan yo ki soti pre, genyen nan yo tou ki soti byen lwen tou akoz bon travay ak bon akèy li ba moun yo(ki gen ladann ankourajman li ba yo, yon bwason ak yon ti goute gratis). Kliyan yo pataje pwoblèm yo avèk li epi menm fanm ki pi gran pase li ap mande li konsèy. Li ap viv lafwa li nan bay bon sèvis ak yon konpasyon sansib. Sa te pran anpil ane pou fikse objektif epi swiv yo pandan ou ap mete konfyans ou nan Bondye pou jwenn rezilta sa yo.

Bon kè li pou sèvi moun ale pi lwen pase biznis li ap fè a. Kijan li fè jwenn tan pou montre jèn ki nan kominote li a fason pou yo koupe cheve epi responsab pou pran swen twa ti frè li yo an menm tan? Depi lè manman li pap viv nan peyi a, Joyce se tankou yon manman li ye pou yo, epi li li Bib la pou yo chak aswè. Menm si li gen sèlman 17 lanne, devine konbyen moun li sipòte nan kay li? Uit(8)! Apre sa, li peye lwaye a. Waw!

Joyce te ka kenbe tout benefis biznis li pou satisfè pwòp dezi li, men dezi li se glorifye Seyè a, kidonk li rete fidèl nan bay 10% pou sipòte ministè fanmi legliz li a. Tout desizyon sa yo bon sa yo vin fè

Joyce gen plis matirite pase laj li.

Malgre tout sa li te reyalize yo, Joyce konnen ke travay di li ate ranfòse gras ak favè Bondye ak sipò li te jwenn nan men konseye Compassion legliz li a. Ou ka wè jenès li ki ap briye nan bèl je mawon li yo, men tou, yon moun avèk anpil matirite pouvwa Bondye te itilize nan fanmi li, legliz ak kominote li.

Tankou jan modil sa a konseye a, Joyce fikse objektif li yo epi li travay pou reyalize yo. Li ap travay ak konseye aktyèlman li yo sou yon plan pou atire ase nouvo kliyan pou peye yon pi gwo lokal pou salon bote li a. Li angaje li pou li fè biznis li grandi epi devlope tèt li kòm yon lidè. Youn nan fason li kontinye envesti nan tèt li se nan pran klas inivèsite nan aswè. Joyce konnen li enpòtan pou li swaf pou aprann. Joyce kouri li *Liv Pou Devlope* a epi aplike li nan biznis li. Li sanble ak sèvitè a nan parabòl Jezi a ki te resevwa talan yo nan men Bondye epi ki miltipliye yo ak sajès li. Nou priye ke ou pral swiv gwo egzanp li a.

 **Travay ak gwoup ou:**

Joyce okipe nan koupe ak kwafe cheve kliyan li yo, li ale nan nan inivèsite nan aswè, epi li ap pran swen ti frè li yo tou. Ki jan li pral jwenn tan pou reflechi sou direksyon biznis li an dwe pran epi fikse objektif pou ane a? Fè plizè gwoup ki genyen 2 moun pou brase lide sou kèk solisyon pou Joyce, apre sa a, pataje yo ak tout klas la.

Nòt pou pwofesè a: Ou ka bezwen tounen nan pati konsèy ekspè yo nan Leson 1G nan paj 33 (Fè tan travay pou ou).

Aplike Modil sa ak:

PRIYÈ — Chèche bon konprann ak direksyon Bondye nan fè plan pou devlope. Pandan ke li ka difisil pou imajine pi lwen pase mwa pwochen, mande Bondye ede mwen anvizaje biznis mwen an nan twa zan.

RECHÈCH — Rasanble enfòmasyon pou ede mwen deside kilès nan twa estrateji sa yo ki se pi bon opòtinite pou devlopman mwen: vann nouvo pwodwi ak kliyan ki la deja yo, jwenn plis kliyan nan zòn ke mwen ye kounye a, oswa mete biznis la nan plis zòn toujou.

KREYATIVITE — Ranpli Gwo Plan *Liv Pou Demare* mwen an. Ranpli Plan Liv Pou Demare mwen an. Deside kijan pou mwen agrandi biznis mwen an ak ogmante kalite sèvis yo.

AKSYON — Chèche jwenn yon kopi *Liv pou Devlope* a epi li li..

KLIYAN YO — Mande yo ki nou sèvis yo ta renmen jwenn nan biznis mwen an.

KONSEYE YO — Mande prensip responsablite ak direksyon pou devlope abitid ki pou fè ou sonje aji sou plan ou yo. Mande yon konseye pou ede mwen aplike yon Modil nan *Liv pou Devlope* a.

LAJAN — Fikse objektif pou eknomize pou ekipman ak ijans yo.

TAN — Rezève demi jounen pou ranpli plan *Liv Pou Demare* mwen an.

Pratike valè yo:

Entegrite — Lè ou respekte objektif ou te fikse yo, sa montre entegrite ou devan anplwaye ou yo. Yo pral fè fason ou ap dirige a plis konfyans epi rete avèk ou.— *espesyalman* si ou fikse objektif ki pral nan avantaj yo.

Ekselans — Lè ou pa janm fin satisfè ak siksè biznis ou fè, sa montre ou ap chèche Grandè ki reflete kalite Bondye nou an. Toujou aprann epi amelyore biznis ou se pi bon fason pou ou rete konsantre.

Jesyon — Revize ak aplike sa ou te aprann nan Liv Pou Demare a se yon fason enpòtan yo pou jere sa Bondye te envesti nan ou. Menm jan Bib la di a: "Moun yo bay anpil, yo ap mande li anpil tou. Moun yo mete responsab anpil bagay, yo ap egzije plis ankò nan men li. "(Lik 12:48 NIV). Si ou pa mete an pratik sa ou te aprann nan, se tap yon gwo gaspiyaj nan sa ke yo te konfye ou.

Diyite — Planifikasyon se yon fason ki mèveye pou kreye lavni ansanm ak Bondye! "Yon moun te mèt fè tout kalite lide nan tèt li. Men, sa Seyè a vle a, se sa ki pou rive" (Pwovèb 19:21 NIV). Menm lè ou pa konnen kijan demen ap ye nan plan Bondye, Li pèmèt ou konstwi li nan desizyon ak aksyon ou yo. Ou twouve sa a etone ou? Se poutèt sa, ou dwe konsidere lè ou fikse objektif ou yo tankou yon gwo privilèj, yon patenarya ak Bondye ki gen tout pouvwa a ki montre ou ki moun ou ye kòm yon pitit gason oswa pitit fi wa a.

Evalye biznis ti jèn nan: (NAN LÒT EDISYON AN)

Konklizyon:

Planifikasyon pa janm ijan, men li toujou enpòtan. Pandan ke li difisil pou jwenn tan pou fikse objektif yo, li enpòtan pou ou gade devan avèk fòs epi fasone kijan demen ap ye avèk èd Bondye! Kidonk, envesti tan an epi swiv objektif ou yo. Ou pral sezi wè rezilta yo. Itilize *Liv pou Devlope* a pou agrandi gwosè biznis ou ak bon jan kalite sèvis ou bay. Se pou jwenn fòs nan Seyè a!

Itilize *Start*Book Plan a:

Kounye a ou fini ak modil sa a, tanpri ranpli Plan Liv Pou Demare ou an nan lòt paj la. Reflechi sou sa ou te aprann yo epi chwazi objektif ki enpòtan pou ou pou ou aplike modil sa a nan biznis ou pandan 12 mwa ki ap vini yo. Ekri objektif ou, twa aksyon pou reyalize li, ak dat pou fè chak aksyon. Toujou gade Plan Liv Pou Demare a tankou yon zouti pou ou devlope biznis ou.

Mèsi paske ou li epi aplike Liv Pou Demare a. Nou priye pou biznis ou pote pou ou anpil lajwa pandan ke ou ap kreye ansanm ak Bondye ki gen tout Pouvwa! Pa janm fatige pou vin pi bon chak jou oswa jwenn nouvo fason pou itilize pwodwi ou, sèvis, tan, lajan, travay ak enfliyans ou pou beni kominote ou ak mond lan!

*Start*Book Plan

7. Devlopman

Apèsi Modil la: Planifye lòt etap ou yo pou mete Liv Pou Demare a an pratik. Deside si ou vle grandi soti nan antreprenè pou kont ou pou rive PDG yon gwo konpayi.

Objektif #1 "Devlopman" pou 12 mwa ki ap vini yo:

3 pi gwo etap mwen pral fè pou mwen rive nan objektif la:

1.

Dat pou fini aksyon an: _____ Dat pou fini aksyon an:_____ Dat reyèl li fini an: _____

2.

Dat pou fini aksyon an: _____ Dat pou fini aksyon an:_____ Dat reyèl li fini an: _____

3.

Dat pou fini aksyon an: _____ Dat pou fini aksyon an:_____ Dat reyèl li fini an: _____

255

*Start*Book

Apèsi:

Mobilize tout fòs, resous ak moun ki nan ekip ou pou pote yon solisyon inovatè pou kliyan ki bezwen sa.

StartBook
Rezime

Mobilize tout fòs, resous ak moun ki nan ekip ou pou pote yon solisyon inovatè pou kliyan ki bezwen sa.

1. Ou menm

Apèsi Modil la: Aprann kisa ki fè yon antreprenè ki gen matirite. Evalye tèt ou epi planifye pou w grandi.

2. Solisyon

Apèsi Modil la: Pote yon sèl solisyon ki reponn ak yon pwoblèm reyèl, kite opinyon kliyan yo fasone pwodwi ou an oswa sèvis la. Konstwi idantite biznis ou an sou solisyon sa epi devlope sistèm pou fabrike pwodwi ou an san danje epi nan yon fason ki efikas.

3. Moun yo

Apèsi modil la: Apresye epi aprann de gwoup moun sa yo ki enpòtan anpil pou siksè ou. Bati yon relasyon konfyans bò kote nou tou de.

4. Lajan

Apèsi modil la: Lajan pa janm ase pou fè tout bagay, men ou dwe itilize l' nan sa ki gen priyorite yo. Byen pran san ou pou ou ka swiv bon Pratik sa yo pou kontwole lajan ou ak pasyans wap kreye richès.

5. Lansman

Apèsi Modil la: Fè atansyon ak detay enpòtan sa yo pou ou kapab planifye yon lansman ki ap reyisi.

6. Kilyan Yo

Apèsi Modil la: Idantifye kliyan ideyal ou yo epi chèche bon mwayen pou mesaj la rive jwenn yo. Fè yo tèlman kontan ke yo menm pote zanmi yo ba ou.

7. Devlopman

Apèsi Modil la: Planifye lòt etap ou yo pou mete Liv Pou Demare a an pratik. Deside si ou vle grandi soti nan antreprenè pou kont ou pou rive PDG yon gwo konpayi.

259

Kisa chak pati nan biznis ou bezwen?

Ekri "kenbe" "amelyore" oswa "revize" anba chak senbòl desen.

1. Ou Menm

7. Devlopman

2. Solisyon

StartBook

GWO
Pèspektiv

6. Kliyan Yo

3. Moun Yo

5. Lansman

4. Lajan

GWO priyorite mwen:

Objektif prensipal mwen
poum fèl progrese:

*Start*Book Plan

1. Ou Menm

Apèsi modil sa: Aprann kisa ki fè yon antreprenè gen matirite. Evalye tèt ou epi planifye pou grandi.

Objektif #1 "Ou Menm" pou 12 mwa ki ap vini yo:

3 pi gwo etap mwen pral fè pou mwen rive nan objektif la:

1.

Dat pou fini aksyon an: _____ Dat pou fini aksyon an:_____ Dat reyèl li fini an: _____

2.

Dat pou fini aksyon an: _____ Dat pou fini aksyon an:_____ Dat reyel li fini an: _____

3.

Dat pou fini aksyon an: _____ Dat pou fini aksyon an:_____ Dat reyèl li fini an: _____

*Start*Book Plan

2. Solisyon

Apèsi Modil la: Pote yon sèl solisyon ki reponn ak yon pwoblèm reyèl, kite opinyon kliyan yo fasone pwodwi ou an oswa sèvis la. Konstwi idantite biznis ou an sou solisyon sa epi devlope sistèm pou fabrike pwodwi ou an san danje epi nan yon fason ki efikas.

Objektif #1 "Solisyon" pou 12 mwa ki ap vini yo:

3 pi gwo etap mwen pral fè pou mwen rive nan objektif la:

1.

Dat pou fini aksyon an: _____ Dat pou fini aksyon an:_____ Dat reyèl li fini an: _____

2.

Dat pou fini aksyon an: _____ Dat pou fini aksyon an:_____ Dat reyèl li fini an: _____

3.

Dat pou fini aksyon an: _____ Dat pou fini aksyon an:_____ Dat reyèl li fini an: _____

StartBook Plan

3. Moun yo

Apèsi modil la: Apresye epi aprann de gwoup moun sa yo ki enpòtan anpil pou siksè ou. Bati yon relasyon konfyans bò kote nou tou de.

Objektif #1 "Moun yo" pou 12 mwa ki ap vini yo:

3 pi gwo etap mwen pral fè pou mwen rive nan objektif la:

1.

Dat pou fini aksyon an: _____ Dat pou fini aksyon an: _____ Dat reyèl li fini an: _____

2.

Dat pou fini aksyon an: _____ Dat pou fini aksyon an: _____ Dat reyèl li fini an: _____

3.

Dat pou fini aksyon an: _____ Dat pou fini aksyon an: _____ Dat reyèl li fini an: _____

Start**Book** Plan

4. Lajan

Apèsi modil la: Lajan pa janm ase pou fè tout bagay, men ou dwe itilize l' nan sa ki gen priyorite yo. Byen pran san ou pou ou ka swiv bon Pratik sa yo pou kontwole lajan ou ak pasyans ou ap kreye richès.

Objektif #1 "Lajan" pou 12 mwa ki ap vini yo:

3 pi gwo etap mwen pral fè pou mwen rive nan objektif la:

1.

Dat pou fini aksyon an: _____ Dat pou fini aksyon an:_____ Dat reyèl li fini an: _____

2.

Dat pou fini aksyon an: _____ Dat pou fini aksyon an:_____ Dat reyèl li fini an: _____

3.

Dat pou fini aksyon an: _____ Dat pou fini aksyon an:_____ Dat reyèl li fini an: _____

*Start*Book Plan

Apèsi Modil la: Fè atansyon ak detay enpòtan sa yo pou ou kapab planifye yon lansman ki ap reyisi.

Objektif #1 "Lansman" pou 12 mwa ki ap vini yo:

3 pi gwo etap mwen pral fè pou mwen rive nan objektif la:
1.

Dat pou fini aksyon an: _____ Dat pou fini aksyon an:_____ Dat reyèl li fini an: _____
2.

Dat pou fini aksyon an: _____ Dat pou fini aksyon an:_____ Dat reyèl li fini an: _____
3.

Dat pou fini aksyon an: _____ Dat pou fini aksyon an:_____ Dat reyèl li fini an: _____

*Start*Book Plan

6. Kliyan Yo

Apèsi Modil la: Idantifye kliyan ideyal ou yo epi chèche bon mwayen pou mesaj la rive jwenn yo. Fè yo tèlman kontan ke yo menm pote zanmi yo ba ou.

Objektif #1 "Kliyan Yo" pou 12 mwa ki ap vini yo:

3 pi gwo etap mwen pral fè pou mwen rive nan objektif la:
1.

Dat pou fini aksyon an: _____ Dat pou fini aksyon an:_____ Dat reyèl li fini an: _____
2.

Dat pou fini aksyon an: _____ Dat pou fini aksyon an:_____ Dat reyèl li fini an: _____
3.

Dat pou fini aksyon an: _____ Dat pou fini aksyon an:_____ Dat reyèl li fini an: _____

StartBook Plan

7. Devlopman

Apèsi Modil la: Planifye lòt etap ou yo pou mete Liv Pou Demare a an pratik. Deside si ou vle grandi soti nan antreprenè pou kont ou pou rive PDG yon gwo konpayi.

Objektif #1 "Devlopman" pou 12 mwa ki ap vini yo:

3 pi gwo etap mwen pral fè pou mwen rive nan objektif la:

1.

Dat pou fini aksyon an: _____ Dat pou fini aksyon an:_____ Dat reyèl li fini an: _____

2.

Dat pou fini aksyon an: _____ Dat pou fini aksyon an:_____ Dat reyèl li fini an: _____

3.

Dat pou fini aksyon an: _____ Dat pou fini aksyon an:_____ Dat reyèl li fini an: _____

Kolaboratè yo

Evan Keller, Otè prensipal ak Redaktè jeneral- Evan marye ak Karen, madanm li renmen anpil depi 25 lanne — yon enfimyè ki se yon bon kizinyè. Yo jwi lavi yo ansanm nan mitan vil Florid ki tou pre lakay 13 nyès ak neve ki enteresan anpil, yo vizite mòn North Carolina yo yon fwa chak ane. Evan renmen jwe baskètbòl anpil, grenpe mòn ak bisiklèt ak fè eskisyon nan mòn. Li renmen zanmi pwòch, bèl zèv atis, mizik blouz ak liv sou tewoloji ak biznis. Nan travay menm, li se Fondatè/Direktè Ekzekitif antrepriz Creating Jobs Inc ak Fondatè/PDG Tree Work Now Inc.

Odile Perez, Otè ak Tradiktris - Odile te ekri kat nan etid ka ki nan *Liv Pou Demare* a epi li tradwi liv la nan lang Espayòl. Se li ki pran swen manman li nan Òlando, yon vil nan Florid, li viv nan sis peyi deja, men li fèt nan peyi Repiblik Dominiken. Li ap travay kounye a tankou Asistan Administratif ak tradiktris nan Creating Jobs Inc. ak Tree Work Now Inc. Li se yon konsiltan endepandan nan zafè vant pou Organo. Youn nan bagay ki te make eksperyans pase li yo se wòl Konseye li te genyen sou Aprantisaj ak Pledwaye nan Pwogram Volontarya Diaspora nan peyi Wayòm Ini pou bay Sèvis Volontè ak Lòt peyi.

271

Carson Weitnauer, Otè - Carson te ekri istwa fiktif jèn timoun ki te gen boulanje krèp la, se li tou ki te vini ak non "Liv Pou Demare" a. Li te patisipe nan ekri kourikoulòm ti gwoup Keksyon Chak Jou(Everday Questions) ak liv Vrè Rezon an(True Reason). Carson te gradye nan Fakilte Rhodes (Memphis, TN) avèk yon Lisans nan filozofi ak yon Metriz nan Seminè Tewoloji Gordon-Conwell. Carson travay kòm prezidan Konsèy Creating Jobs Inc, yon antrepriz charitab nan devlopman biznis ki te pibliye Liv Pou Demare a. Li ap viv nan Atlanta, nan vil Jòjya ak madanm li ak de pitit li.

Jeff Hostetter, Otè — Jeff te ekri youn nan etid ka yo, li gen plizyè sitasyon nan Liv Pou Demare a, epi li ap kontèkstyalize 57 Leson li yo pou itilize yo nan Compassion International. Li marye ak Diane, yo ap viv ere depi 27 lanne! Yo ap viv nan Lancaster, nan vil Pensilvani avèk pitit li Adam yo (21 lanne) ak Kelly (14 lanne). Jeff renmen monte skateboard elektrik li, sèvi kòm yon lidè na ti gwoup fanmi legliz li, li gen bon jan relasyon ak Compassion International, e li se youn nan konseye prensipal Creating Jobs Inc nan peyi Ondiras. Li se ko-fondatè ak ansyen PDG Elexio, yon Lojisyèl enfòmatik pou jere Legliz, kounye a li se ko-pwopriyetè (avèk pitit gason li Adam) nan Fresh Healthy Vending. Li se Fondatè Kingdom Impact ak Prezidan Christian Business Fellowship.

Carol McGehe, yon Konseye Entènasyonal – Carol travay ak

272

Creating Jobs Inc nan peyi Ondiras, kote li te ekri de nan etid ka yo sou antreprenè li te ankadre ansanm ak mari li, Larry McGehe ki se yon konseye prensipal. Li pran retrèt li nan karyè li kòm yon espesyalis kourikoulòm.

Lee Murray, Ekspè nan Maketing - Lee te bay anpil sitasyon nan *Liv Pou Demare* a. Eksperyans li soti nan pòs li te okipe kòm direktè nan Signal Media ak ansyen konseye prensipal Creating Jobs Inc kote aktyèlman li se manm konsèy la.

Dr. Carol Keller-Vlangas, Kreyatris Bibliografi a ak Korektèz - Carol te itilize eksperyans li kòm pwofesè Anglè ak karyè li nan edikasyon kote li envesti tèt li nan fòme plizyè milye timoun pandan plizyè lanne, ni pitit gason li tou Evan!

The Chapel – Chapel la fidèlman demontre renmen Jezi a nan vil yo nan Fort Wayne, Indiana, ak nan anpil kote atravè mond lan. Chapel a envesti moun ki gen talan ak resous nan patenarya ak Creating Jobs Inc an Mission of Hope nan pwogram fòmasyon pwofesyonèl espwa. Chapel la revele kijan pou envesti piti piti nan Peyi Wa ki nan Bondye.

Compassion International Honduras – YounJeff Hostetter se youn

273

nan otè nou yo nan Liv pou Demare a, li devlope yon bon relasyon avèk Compassion International pandan plizyè deseni nan parenaj timoun peyi Ondiras, vizite yo, epi motive anpil anplwaye ak zanmi pou yo fè menm bagay la. Se avèk anpil lajwa nou akeyi patenarya nou avèk Compassion paske tou de pati yo santi ke Bondye mete nou ansanm pou reyalize yon bèl bagay ke yon grenn nan nou pa te ka fè pou kont li. Yo gen objektif pou fasilite 50,000 jèn yo patwone yo kreye pwòp opòtinite pa yo nan kreye antrepriz pandan yo ap sèvi avèk Liv pou Demare a ak leson ki devlope ladann yo.

Legliz Kretyen Vida Abundante — Sis lanne patenarya sa yo avèk Vida Abundante se yon benediksyon pou Tegisigalpa kote yo ankadre antreprenè yo epi pèmèt yo itilize biznis pou yo sèvi lòt

VIDA ABUNDANTE

moun. Ministè yo a pou antreprenè yo rele "Global Empresarios en Pacto", li chaje ak gwo lidè ki vin zanmi nou ak patnè ministè a. Nou renmen frè ak sè sa yo nan Kris la!

Kolaboratè pou etid ka yo — Maria Villela, Suyapa Parafita, Saul Contrares, Hector Euceda, Joyce (nou pa mete siyati yo pou nou ka pwoteje vi prive antreprenè yo), Fausto Varelo, and Belinda Gonzales. Chak grenn nan moun sa yo ap jere yon biznis ki ap fè siksè nan peyi Ondiras kote Liv Pou Demare a sèvi ak yo tankou egzanp pou ilistre konsèy nan yon Modil an patikilye. Nou apresye tan yo te pran pou pataje istwa yo ki se yon enspirasyon pou nou tout!

Tree Work Now Inc – Yon gwo mèsi pou frè ak patnè biznis mwen an, Dani Keller, ak gwo ekip nou an nan Tree Work Now Inc. pou fason yo te ranpli ak anpil konpetans kèk nan wòl mwen te konn ranpli yo, yo ranfòse travay Creating Jobs Inc la, ni liv sa a tou.

Creating Jobs Inc - Manm konsèy li yo, konseye parèy nou yo, ak antreprenè yo ki enspire liv sa, yo tout patisipe nan fè liv sa tounen yon reyalite. Mèsi tout moun!

Creating Jobs.org
Business for Global Good

Bibliyografi

Brodsky, N., & Burlingham, B. (2008). *Street Smarts*. New York: Portfolio Hardcover.

Buffett, W. (2013, May 1). *The Buffett Formula: How to get Smarter*. Retrieved December 27, 2017, from Farnam Street Blog: https://www.farnamstreetblog.com/2013/05/the-buffett-formula-how-to-get-smarter/

Collins, J. (2011). *Good to Great*. New York: Harper Collins.

Covey, S. (1989). *The Seven Habits of Highly Effective People*. New York: Simon and Schuster.

DenBesten, K. (2008). *Shine*. Shippensburg: Destiny Image.

Elwell, E. (2017, November 25). *Co.Starter: Core Program Participant Binder*. Chattanooga: The Company Lab.

Gladwell, M. (2008). *Outliers: The Story of Success*. New York: Little Brown and Company.

Griffith, E. (2016, September 25). *Why Startups Fail, According to their Founders*. Retrieved December 20, 2017, from Fortune Magazine:http://fortune.com/2014/09/25/why-startups-fail-according-to-their-founders.html

Heath, C., & Heath, D. (2008). *Made to Stick*. New York: Random House.

Holy Bible. (n.d.). King James Version.

Hood, J. (2013). *Imitating God in Christ*. Downers Grove: Intervarsity Press.

Kahle, D. (2016). Model or Leaders Staff Pick. *The Good Book on Business.* Houston: Center for Christianity in Business.

Keller, E. (2015). *GrowBook: 25 Essential Drivers of Small Business Success in the Developing World.* DeLand: Creating Jobs Inc

Lesonsky, R. (2016, January 20). *A Business Plan Doubles Your Chances for Success.* Retrieved December 21, 2017, from Small Business Trends:https://smallbiztrends.com/2010/06/business-plann-success-twice-as-likely.html

Medina, J. (2014). *Brain Rules.* Seattle: Pear Press.

Murray, L. (2017, November 5). E. Keller, Interviewer.

Panasiuk, A. (2015). *Decisiones Que Cuentan.* Nashville: Grupo Nelson.

Partners Worldwide. (2014). Business Curriculum for Small and Medium Enterprises. *Partners Worldwide Business Curriculum for Small and Medium Enterprises.* Grand Rapids: Partners Worldwide.

Robinson, J. (2013, May). *Entrepreneur Magazine*, p. 64.

Rohn, J. (2016, February 27). *Personal Quotation by Fausto Varelo.* Retrieved December 20, 2017, from John Rohn Personal Development Seminar:https://youtube/jnBdNkkceZw

Steiner, A. (2017, September 15). What's in Your Hands? (E. Keller, Interviewer)

Witherington, B. (2011). *Work.* Grand Rapids: Eerdmans.

Tzu, S. (2017). *The Art of War.* London: MacMillan Collector's Library.